Christmas

Connect the Dots

Book for Kids

CHRISTMAS
CONNECT THE DOTS
BOOK FOR KIDS

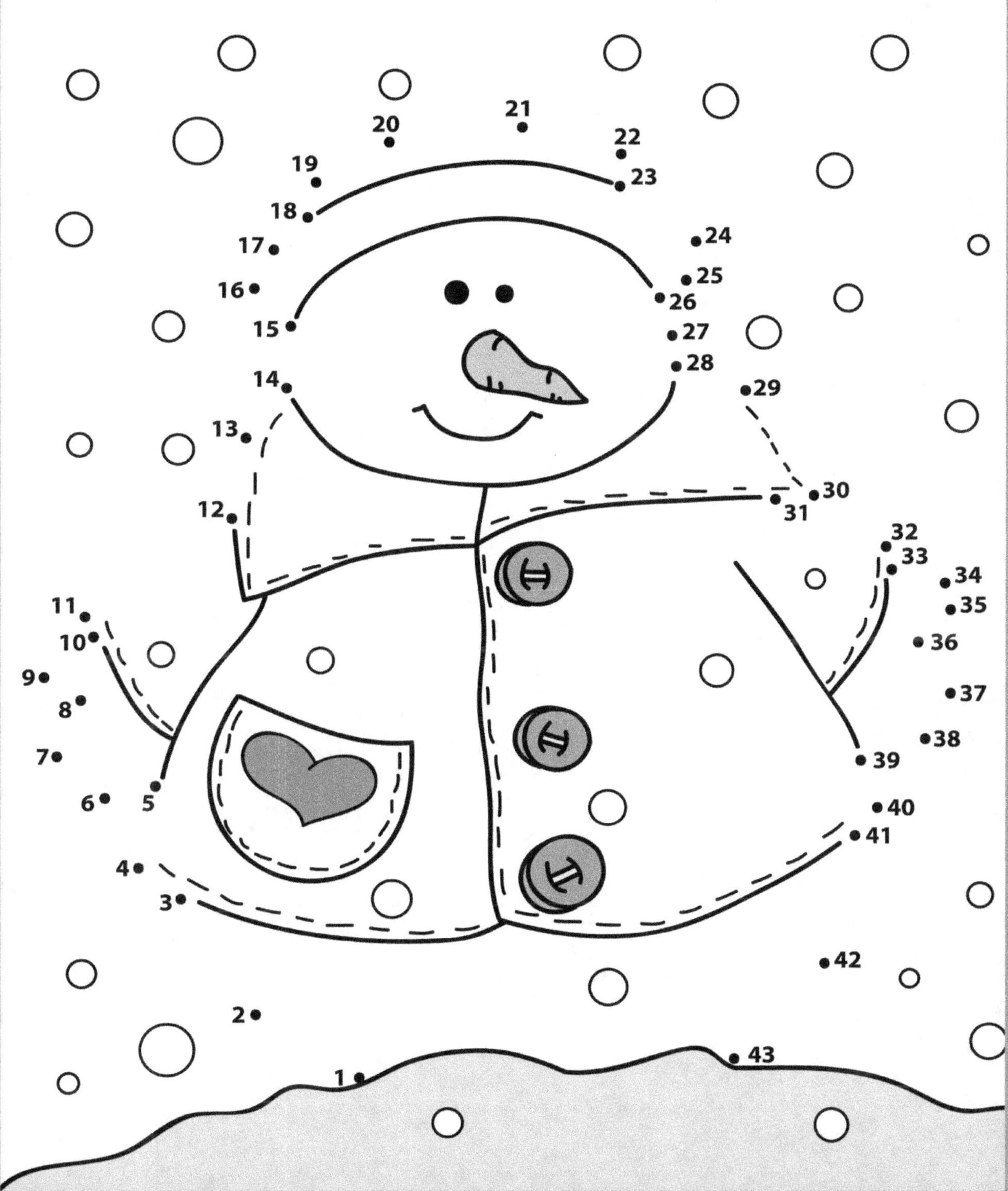

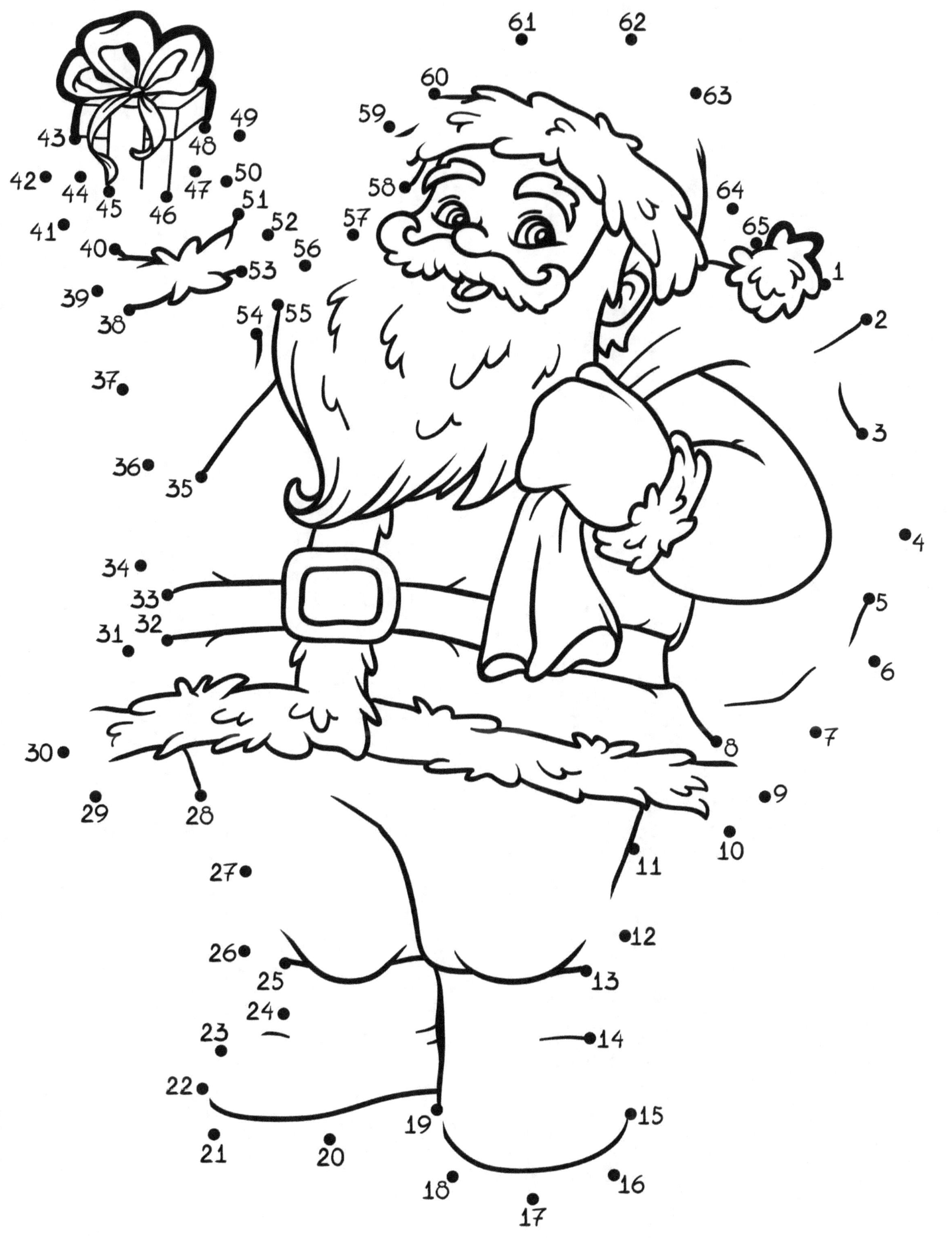

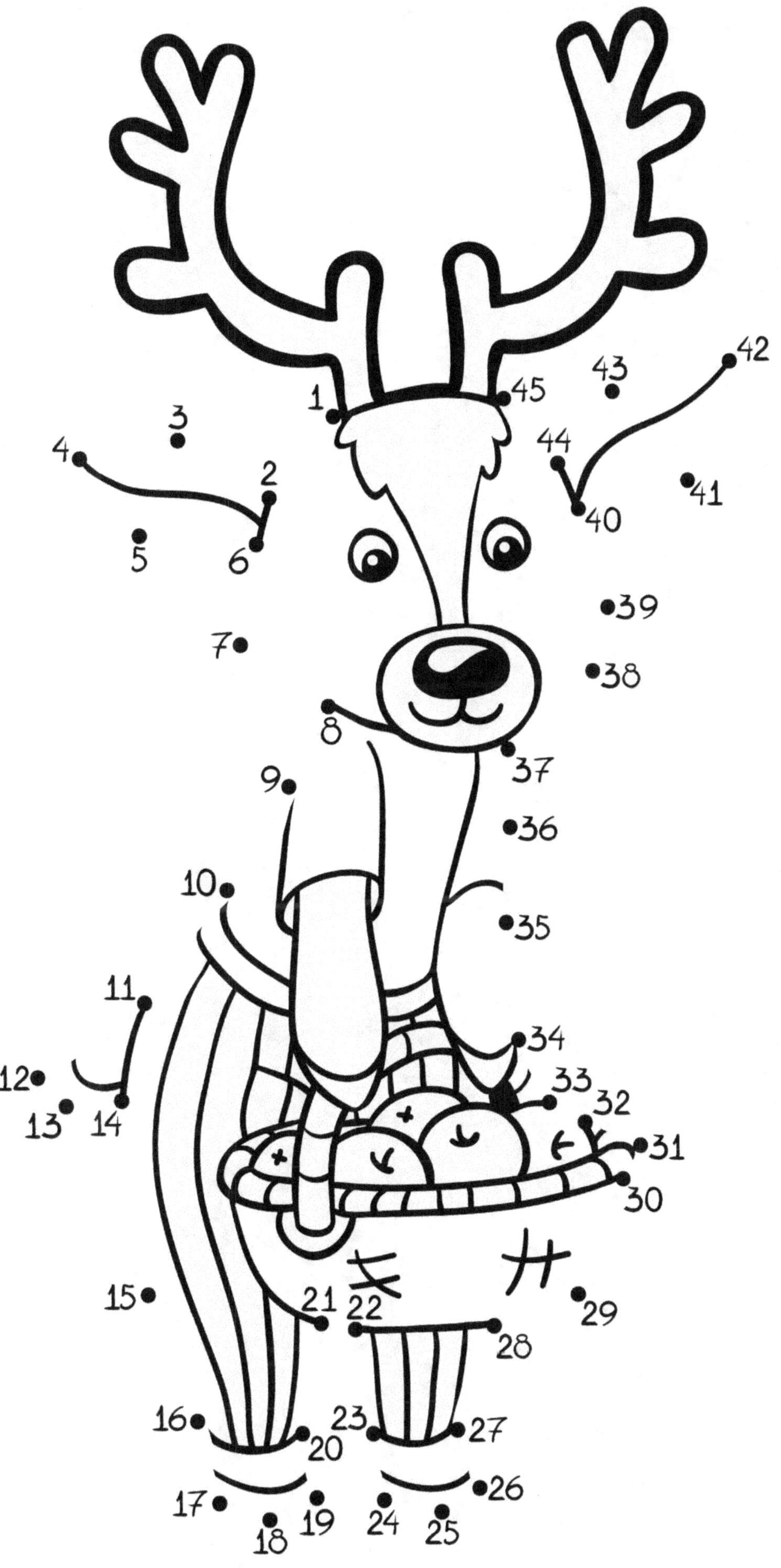

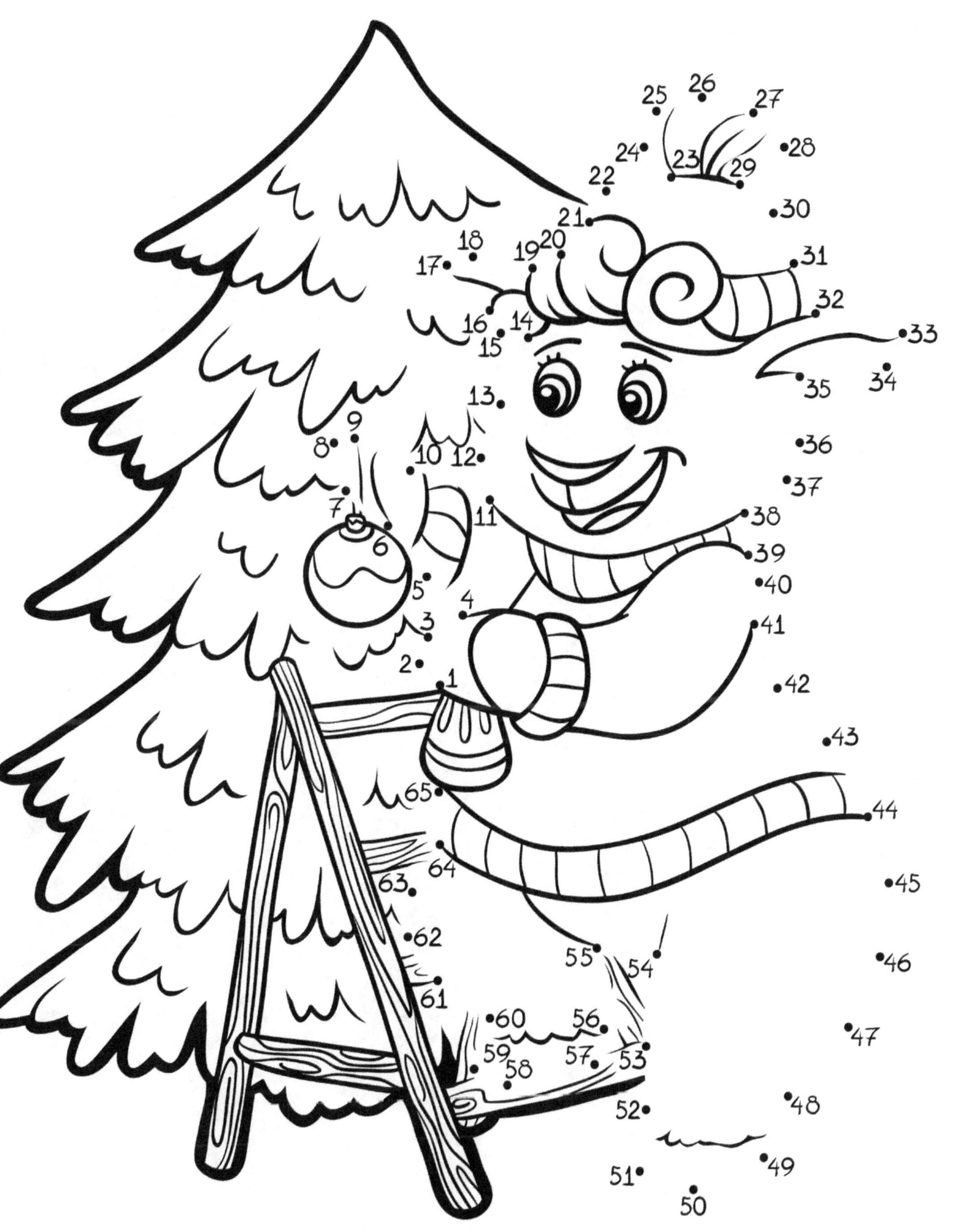

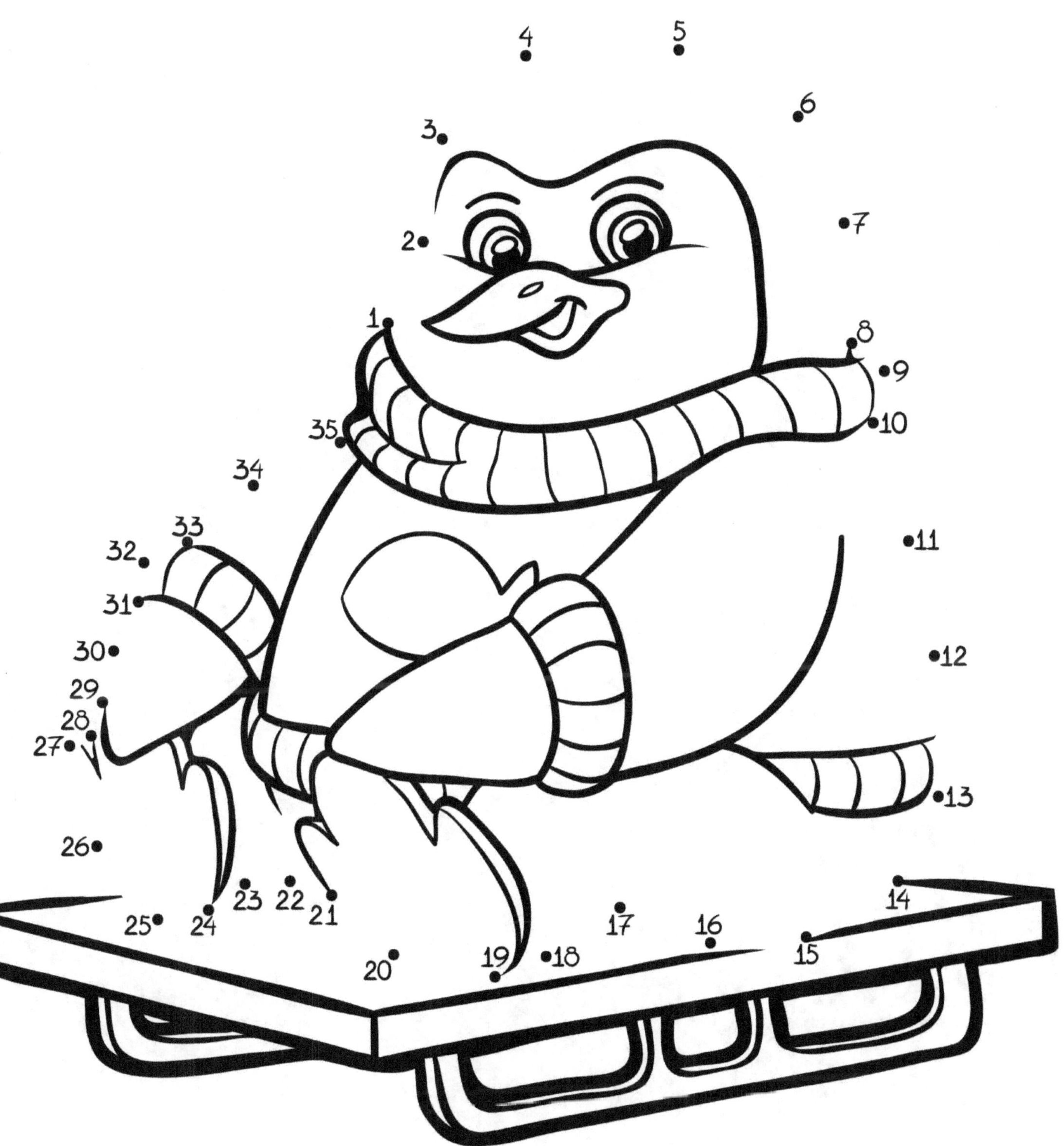

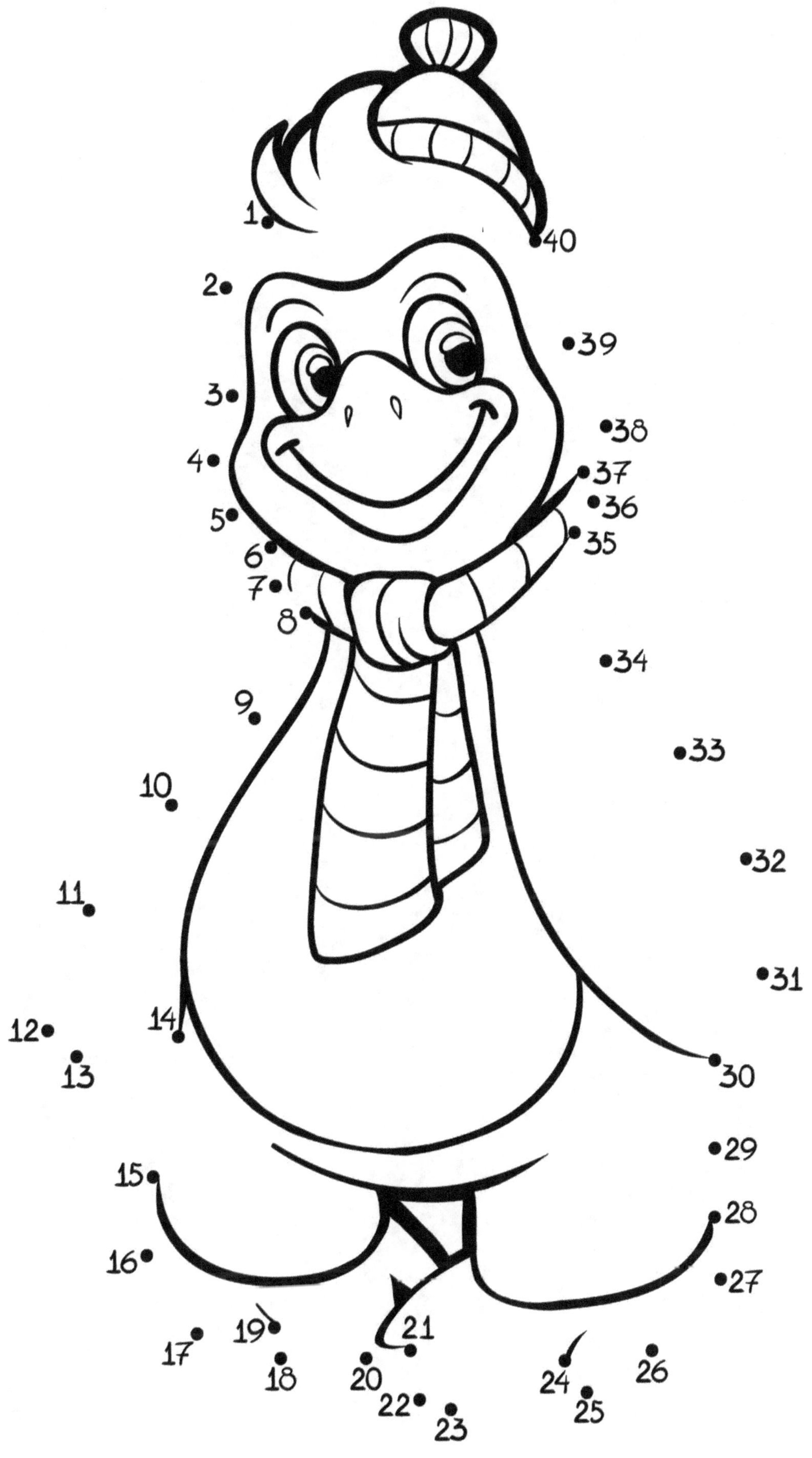

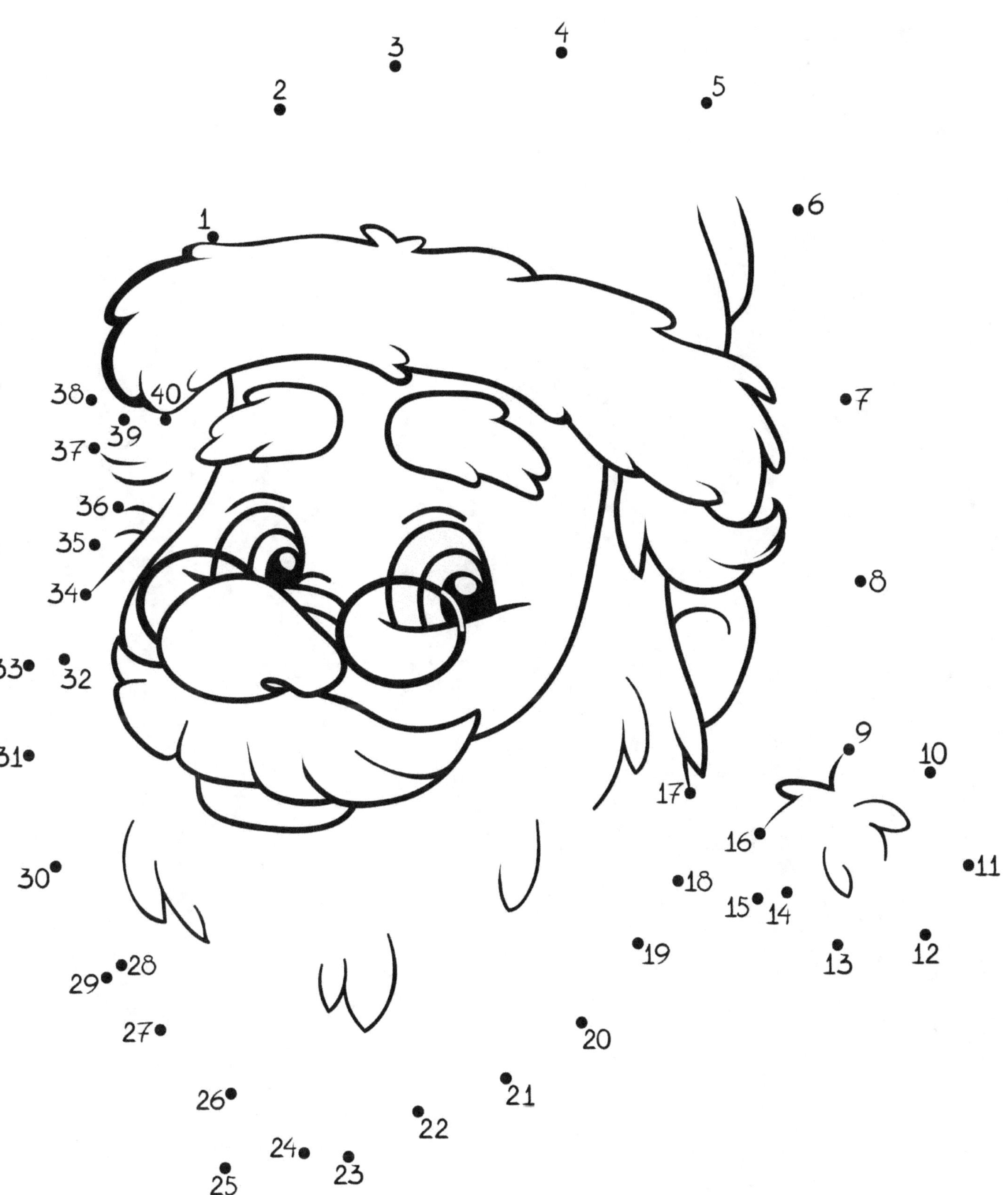

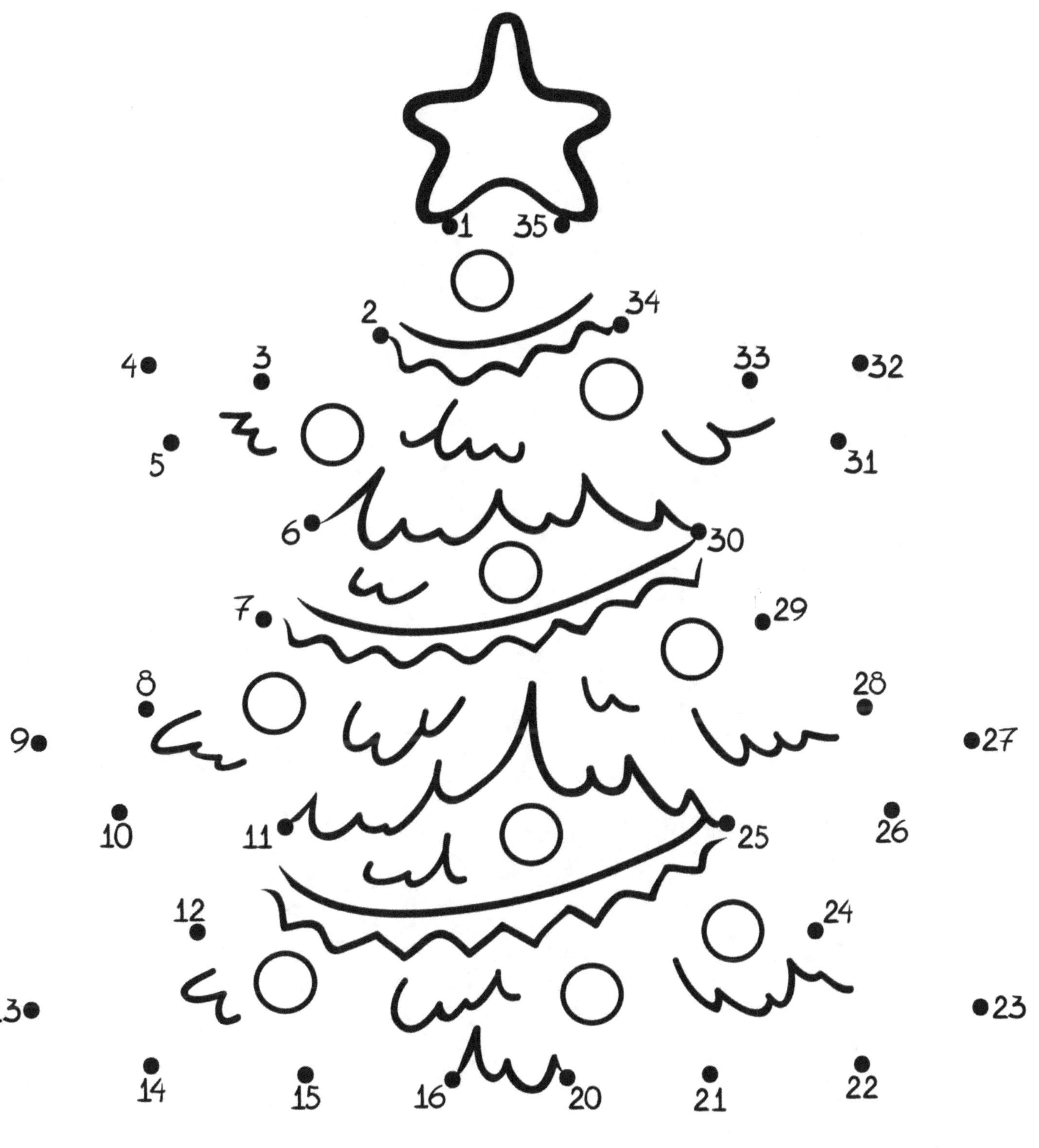

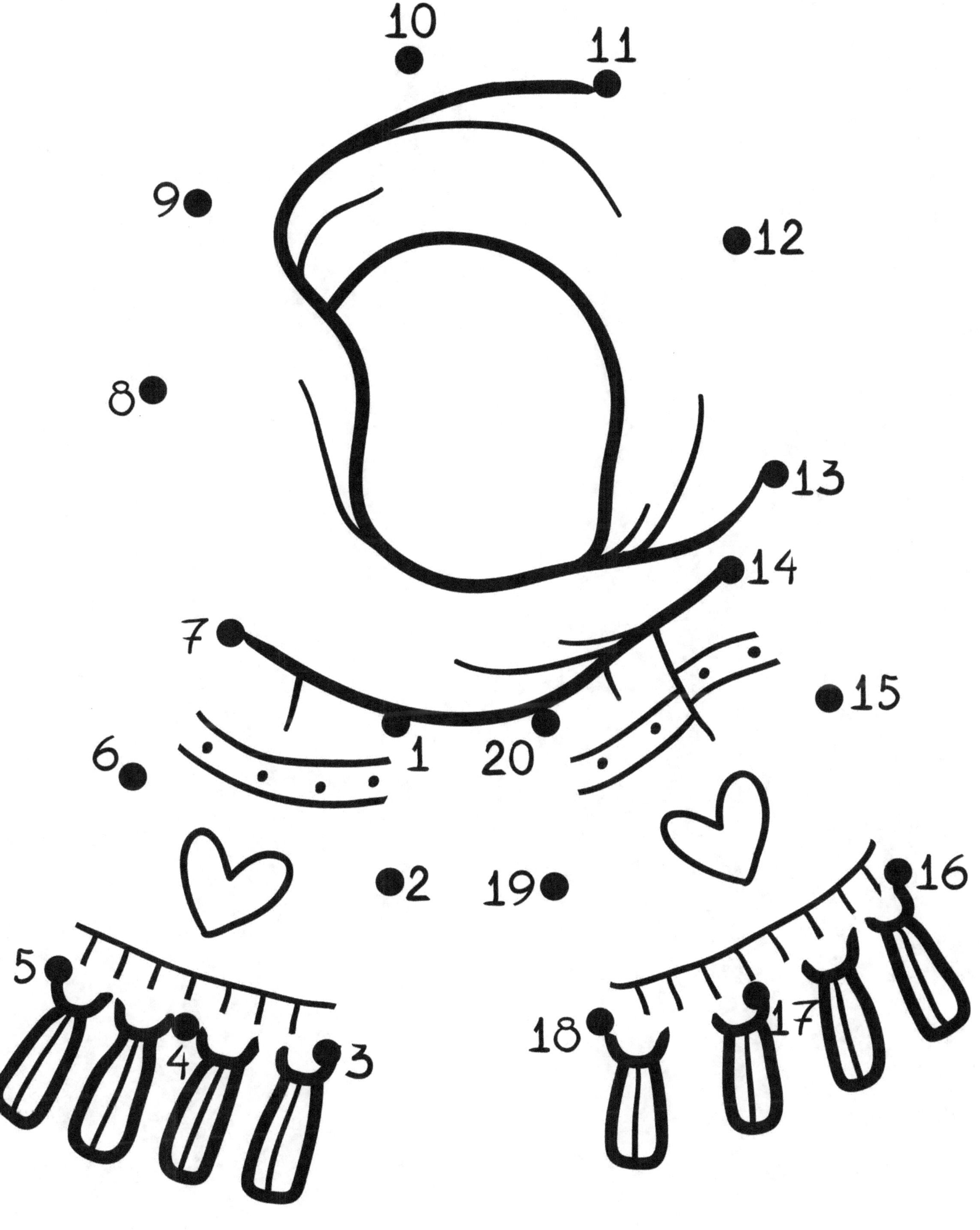

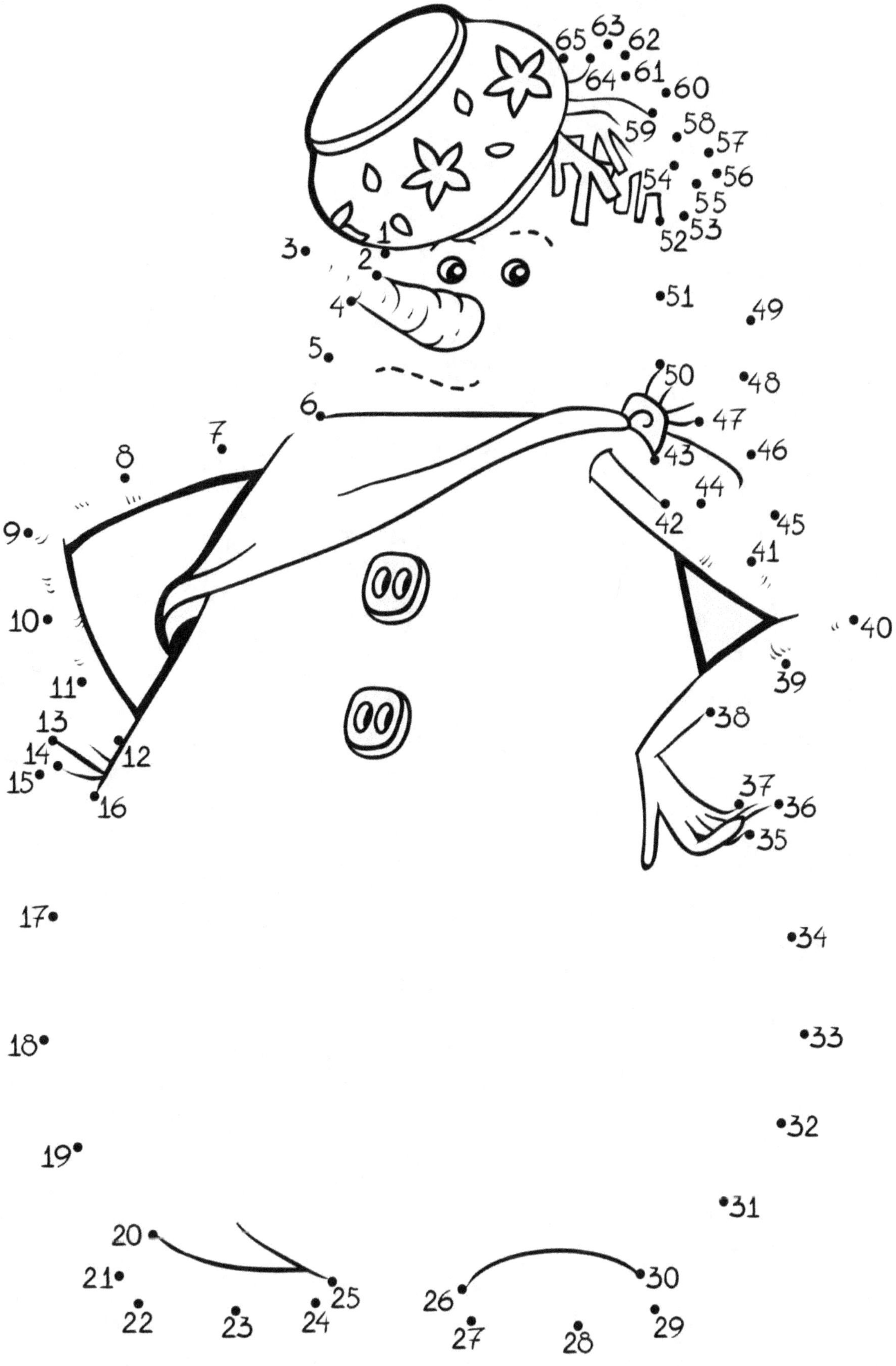

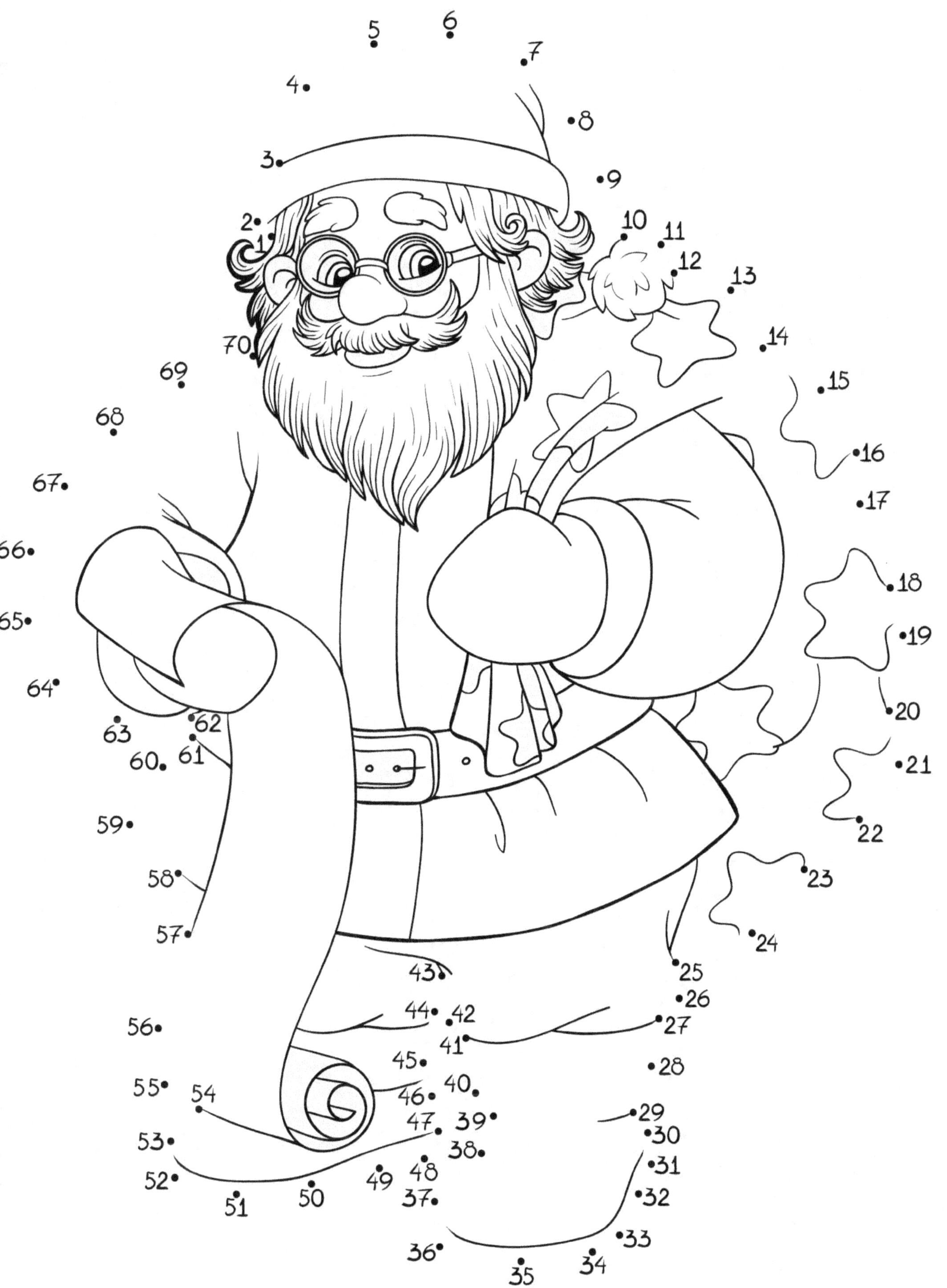

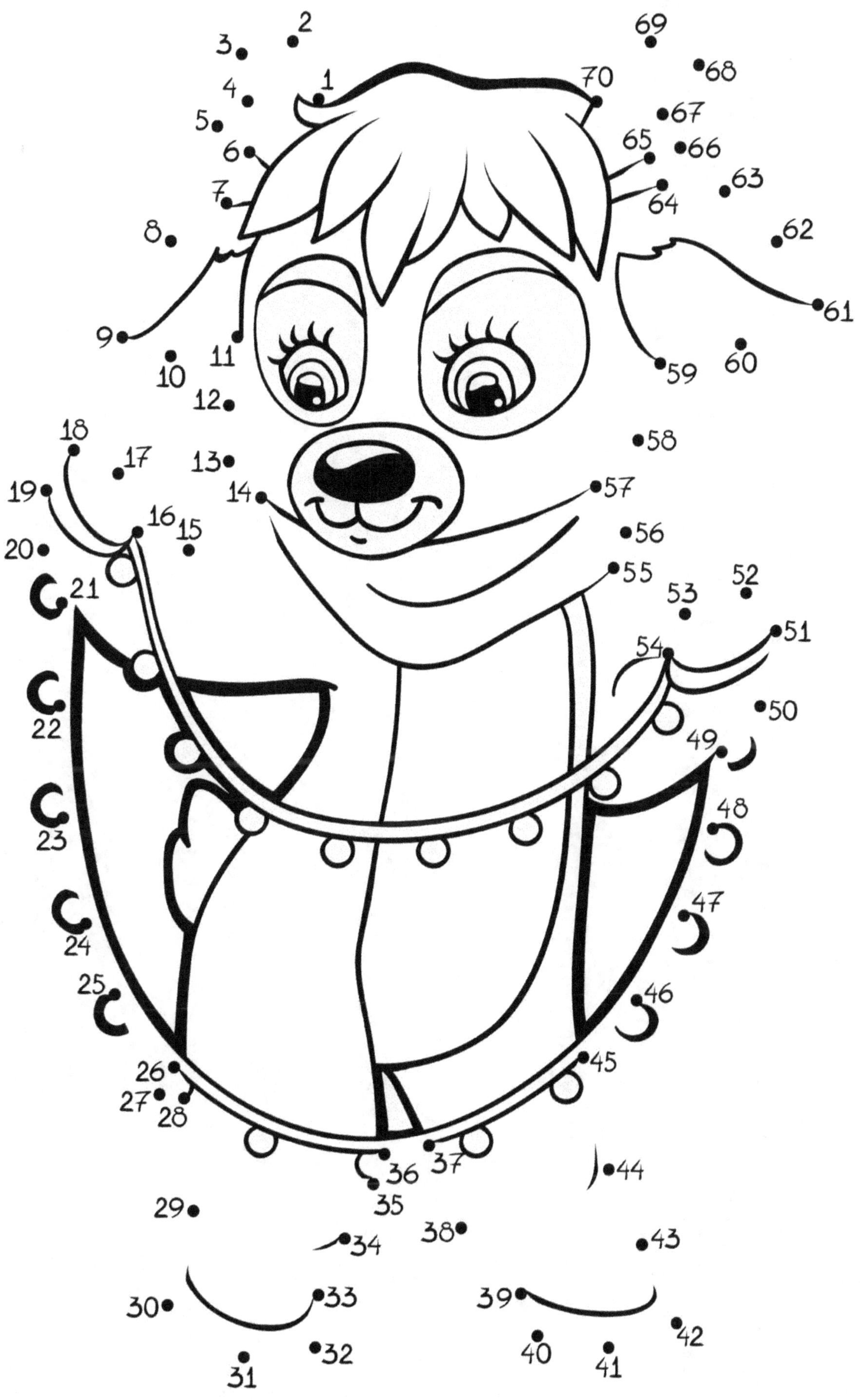

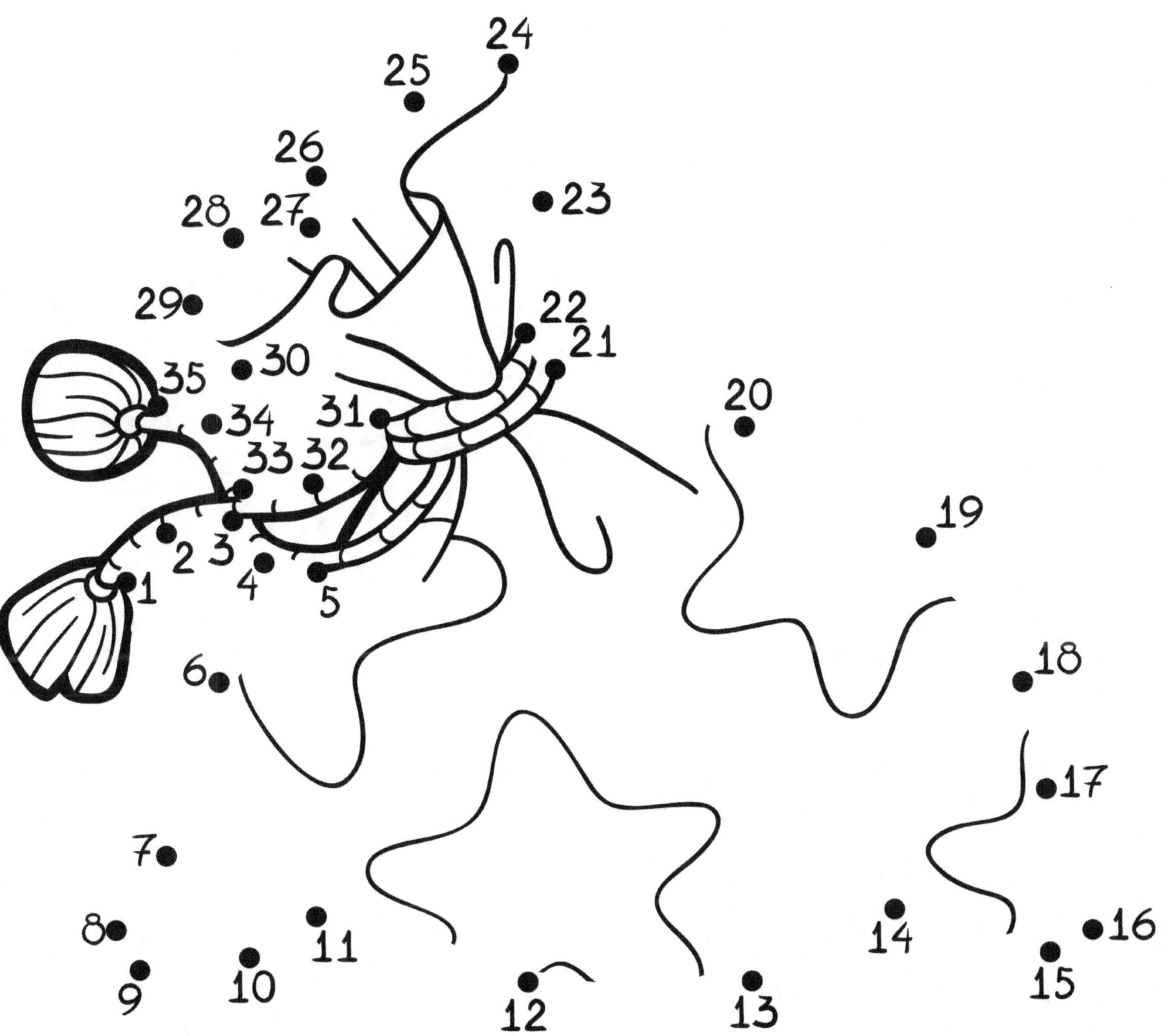

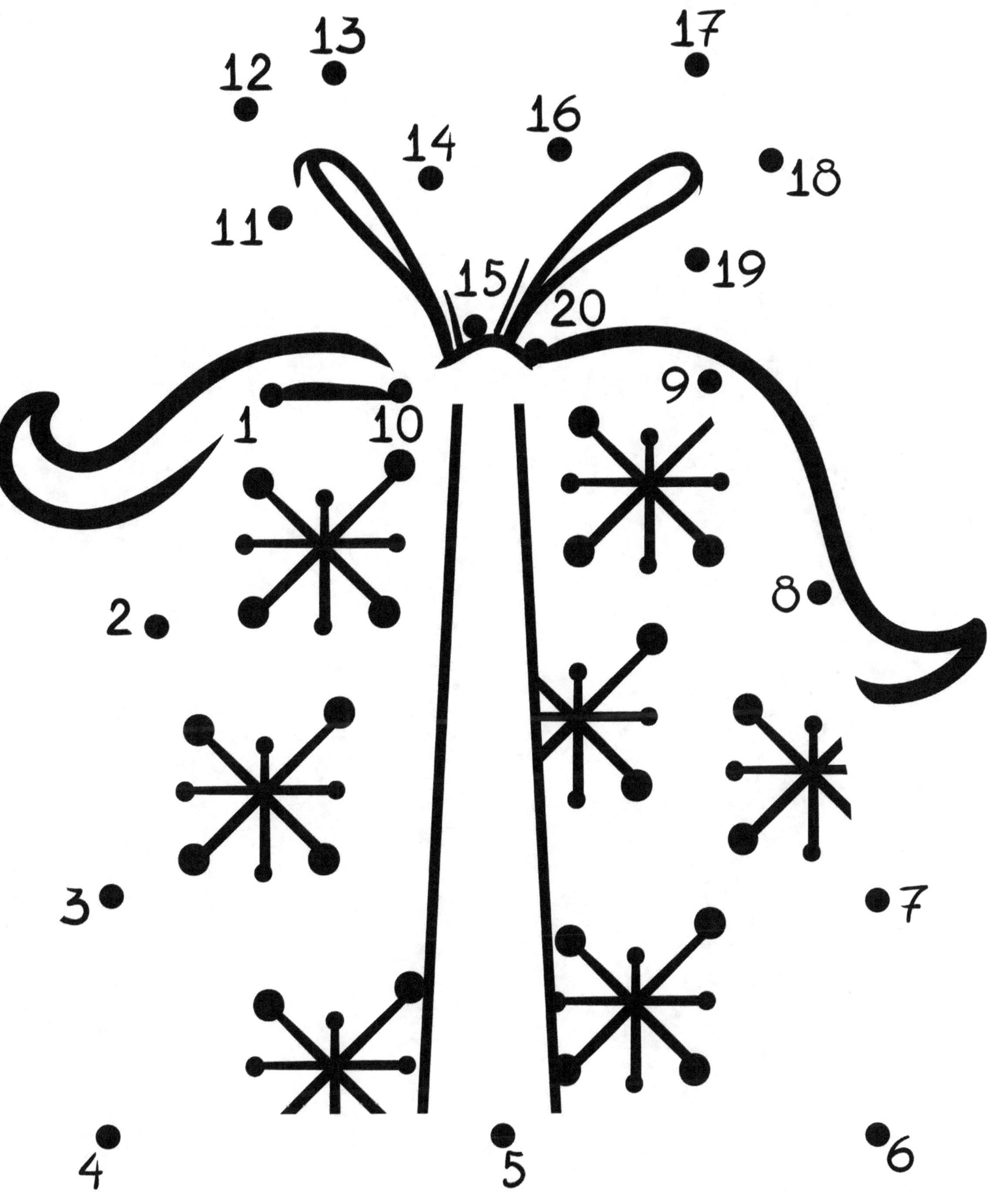

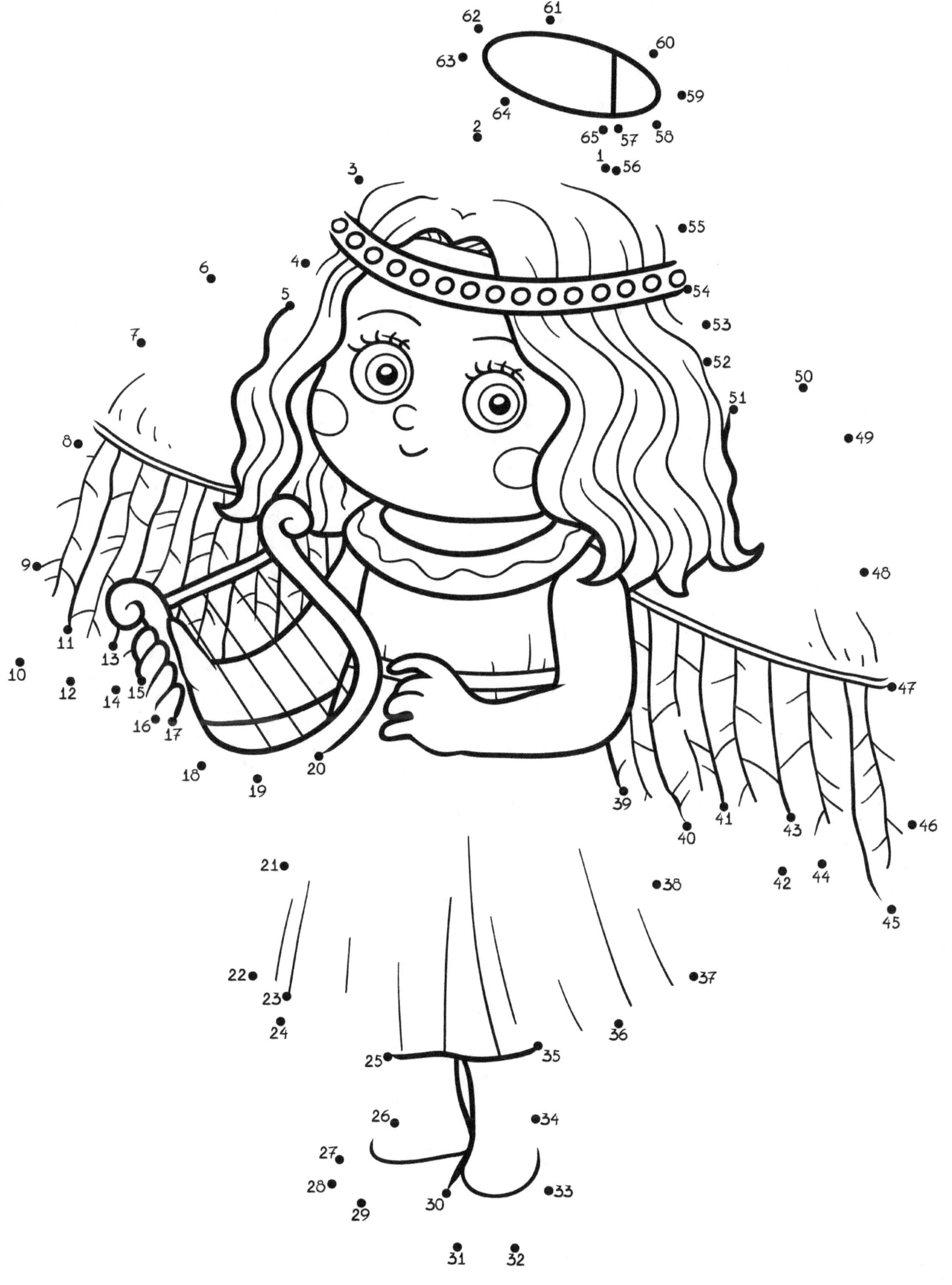

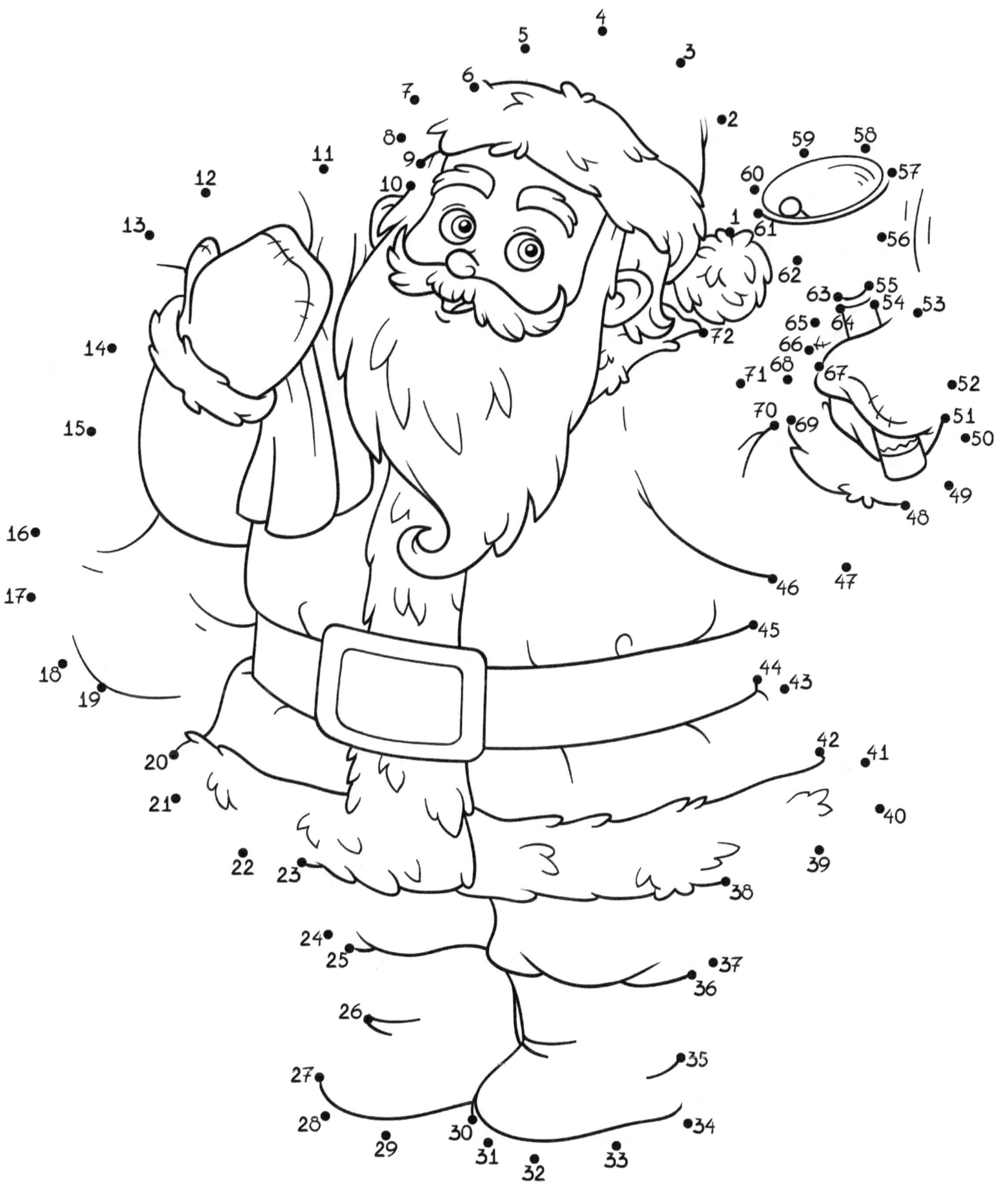

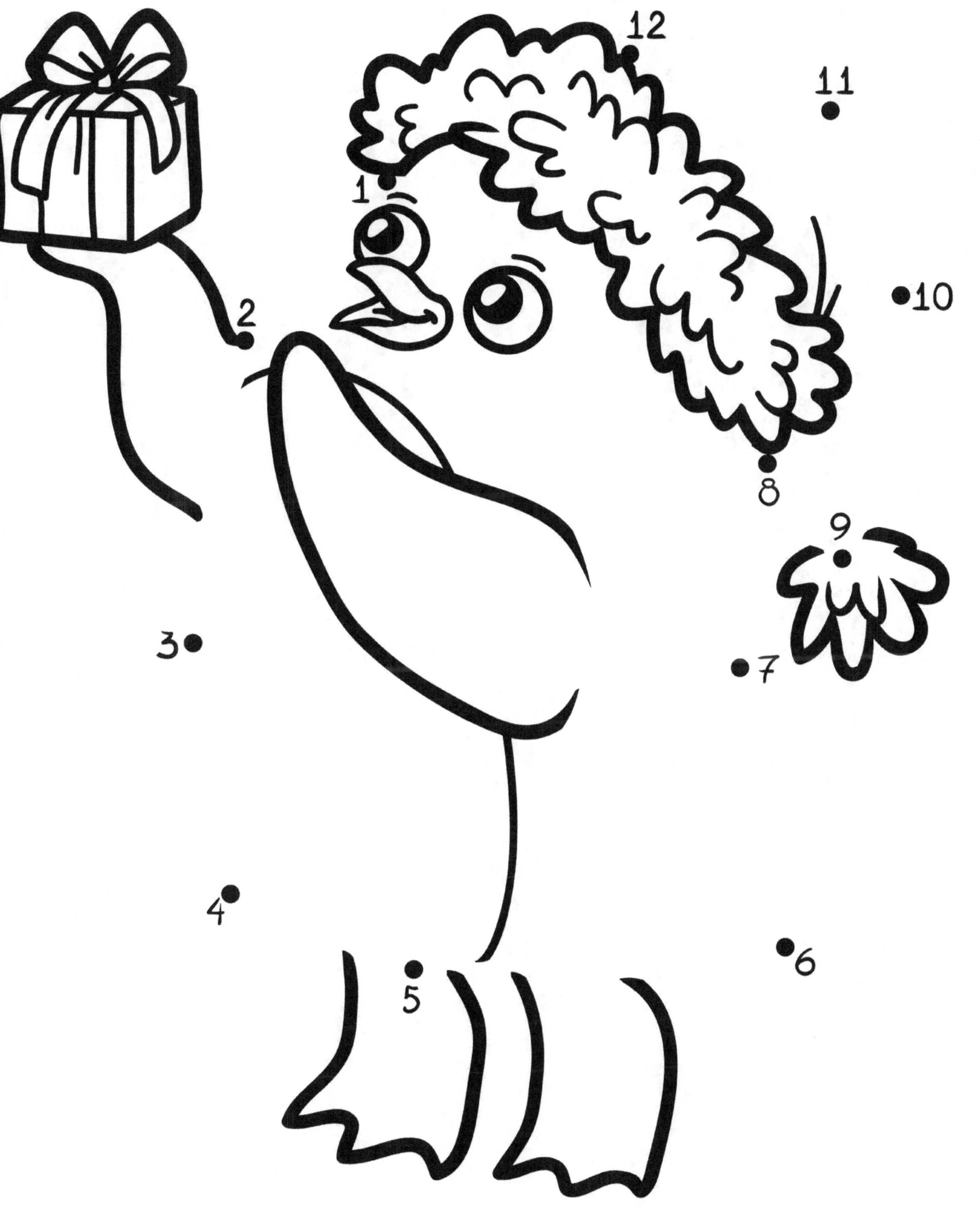

12
11
1
2
10
8
9
3
7
4
5
6

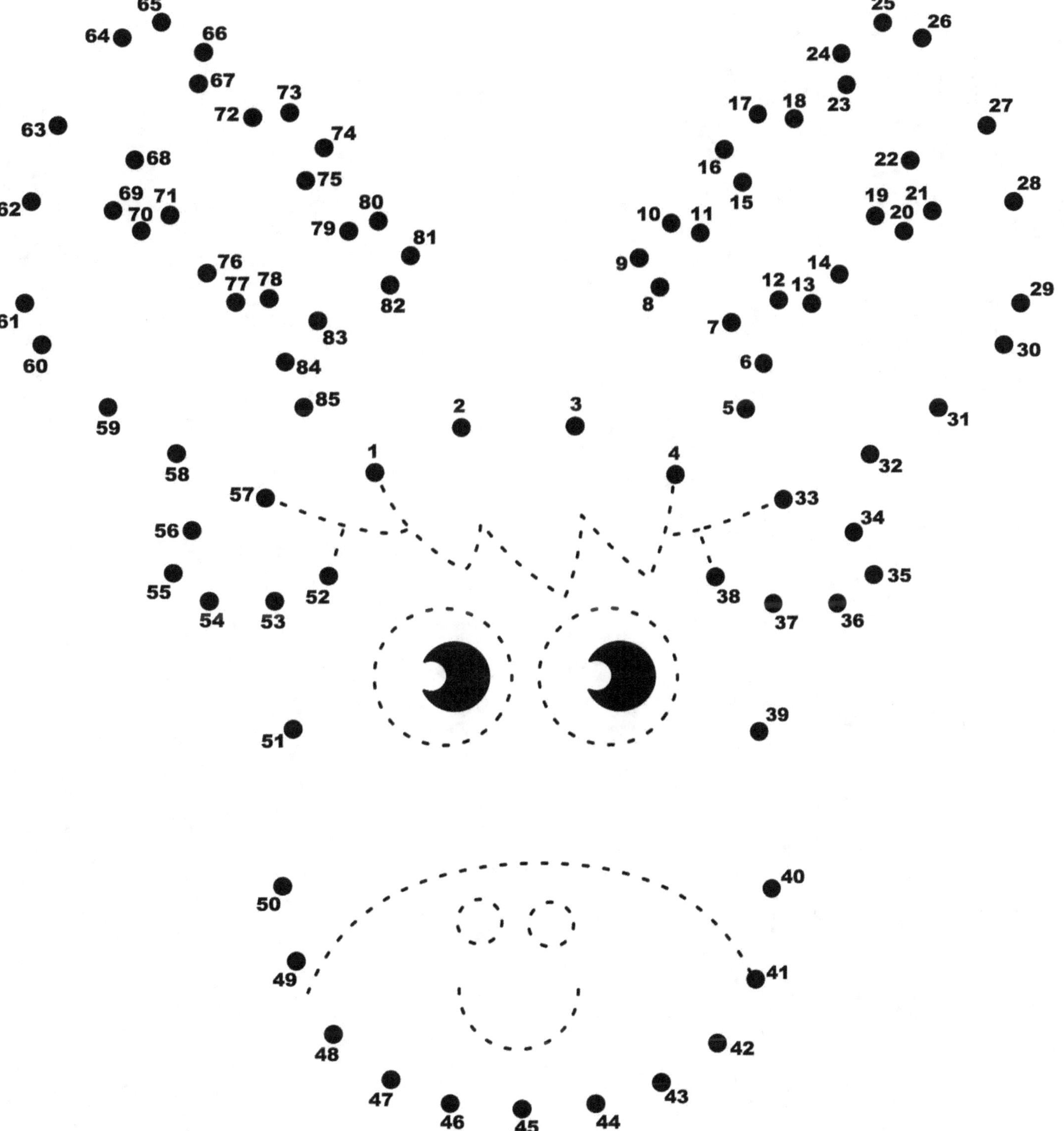

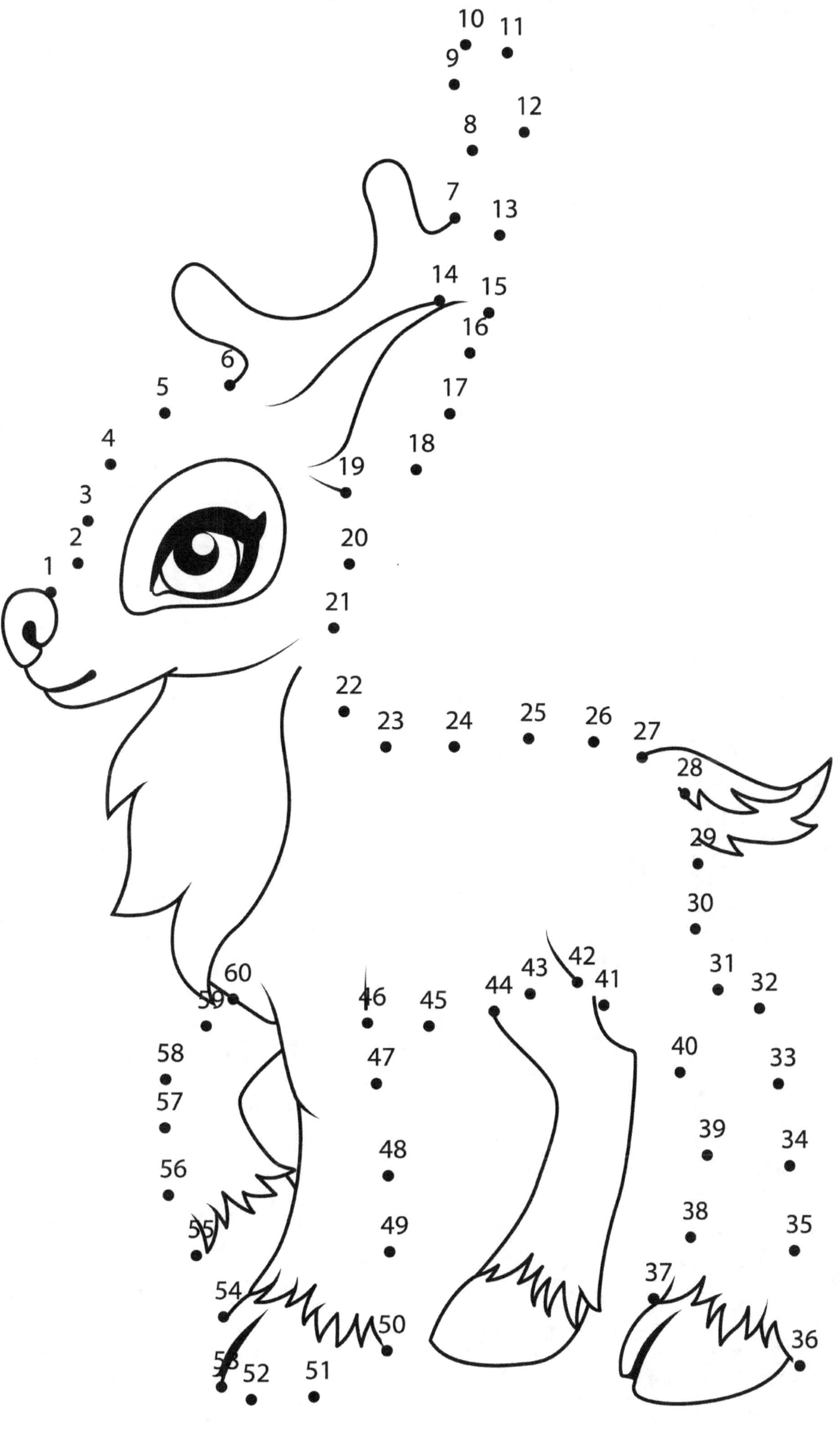

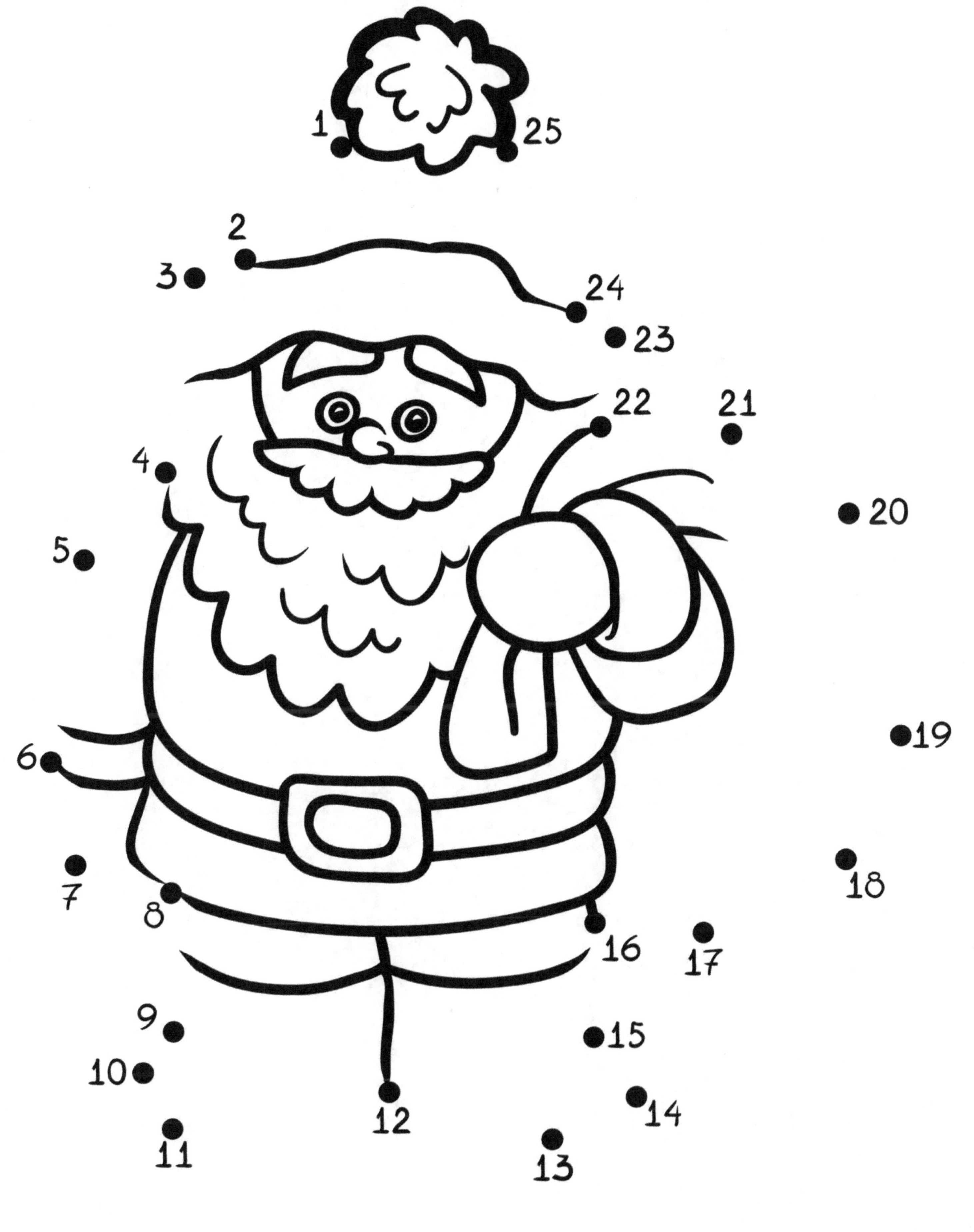

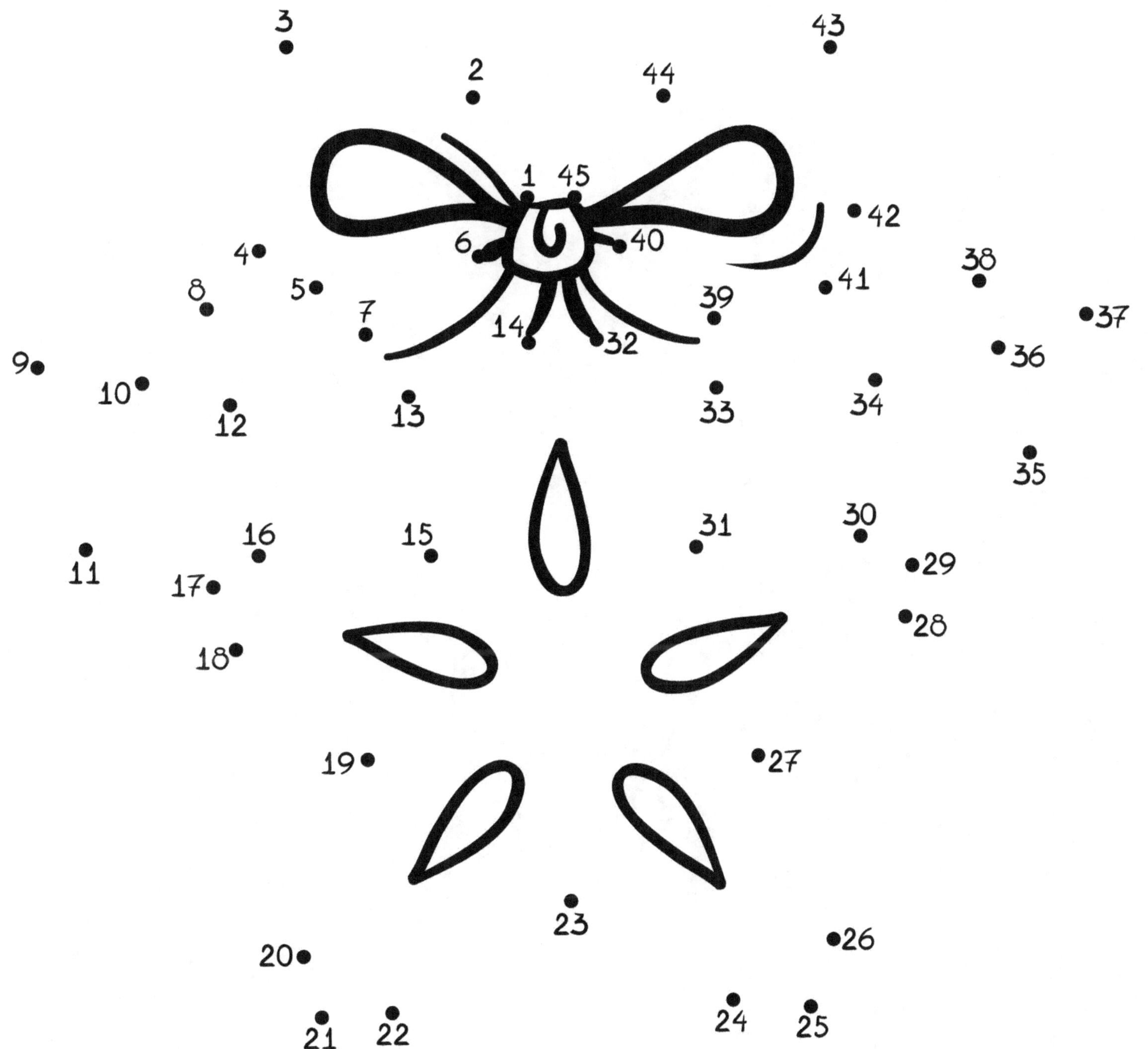

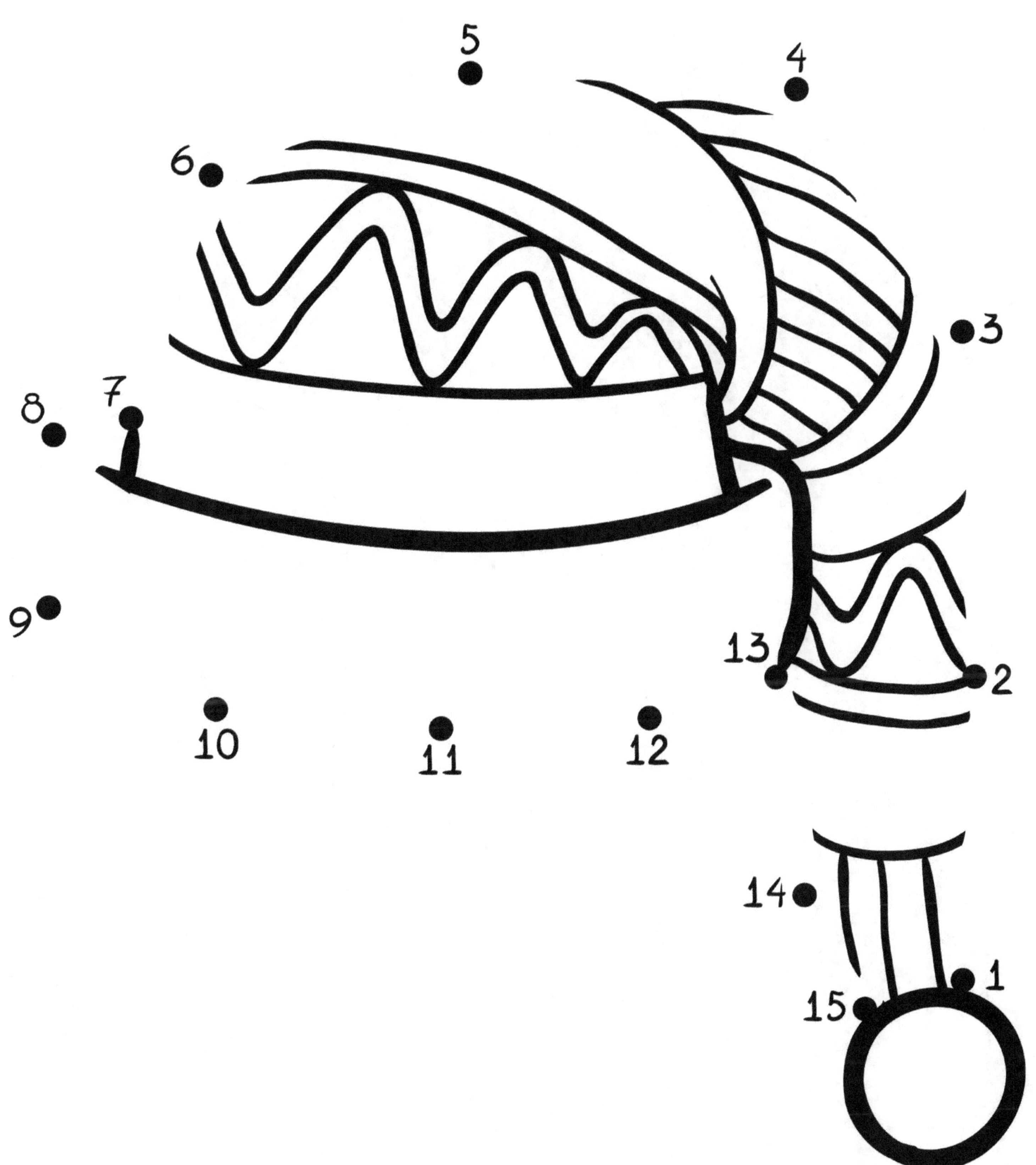

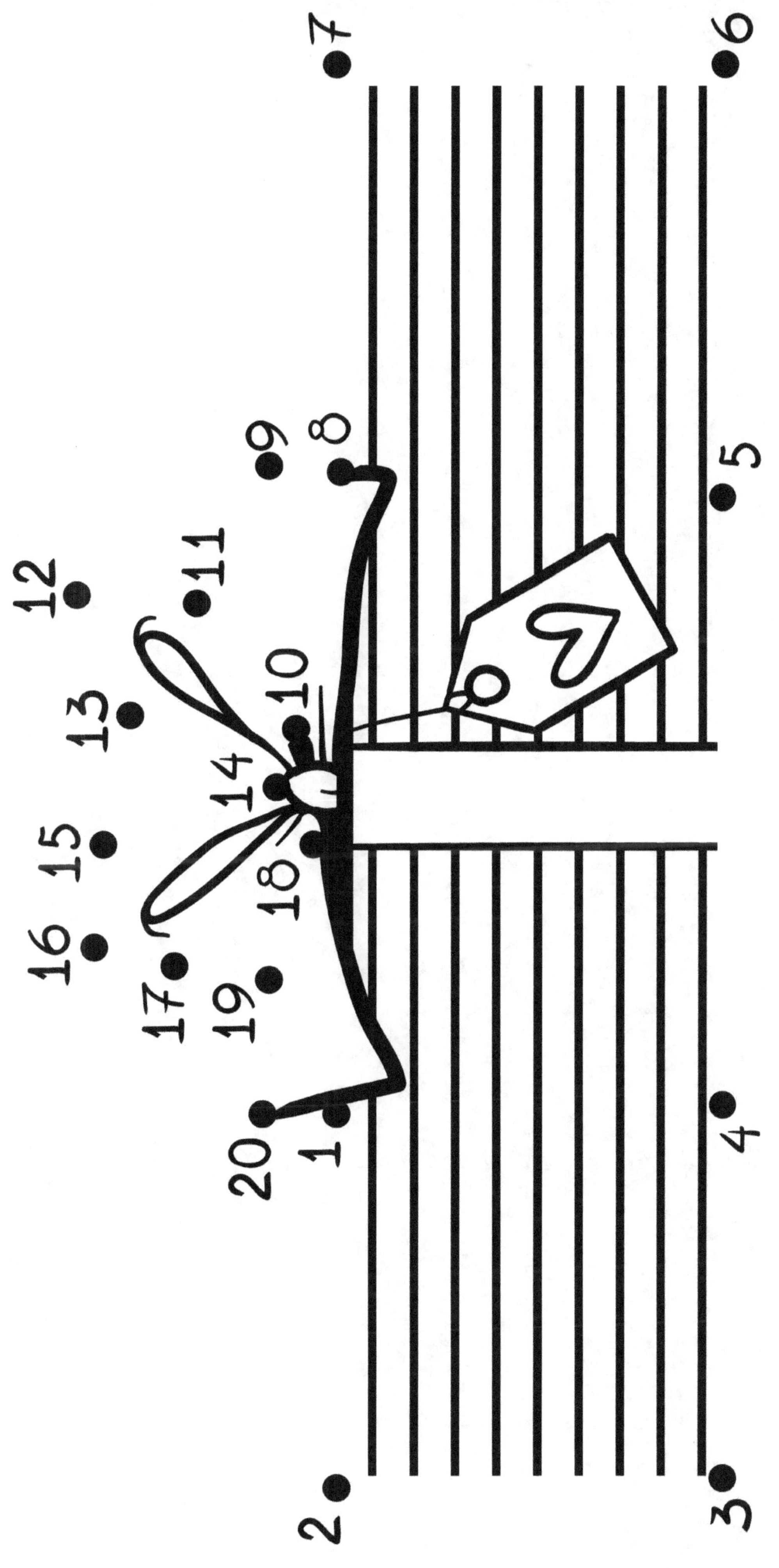

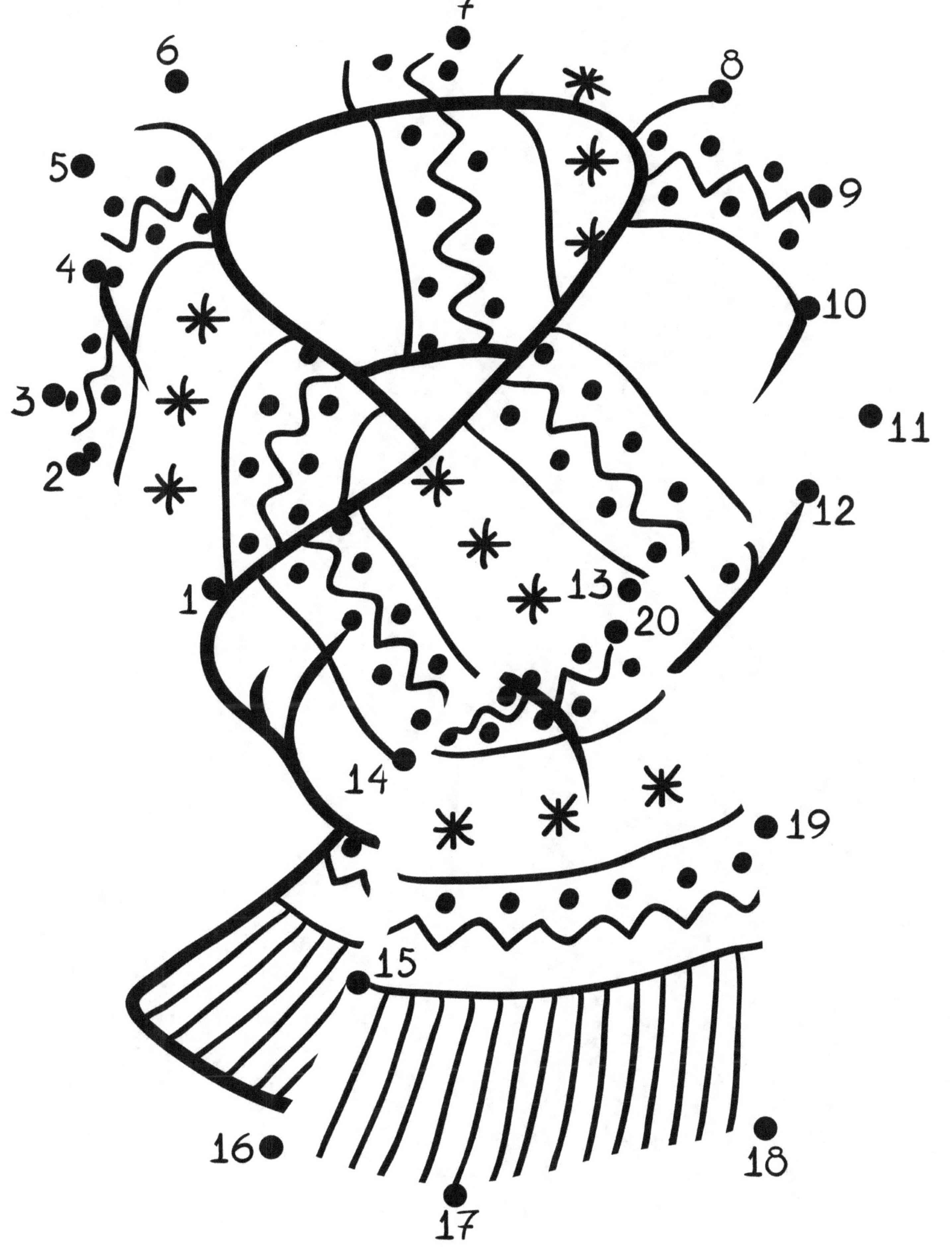

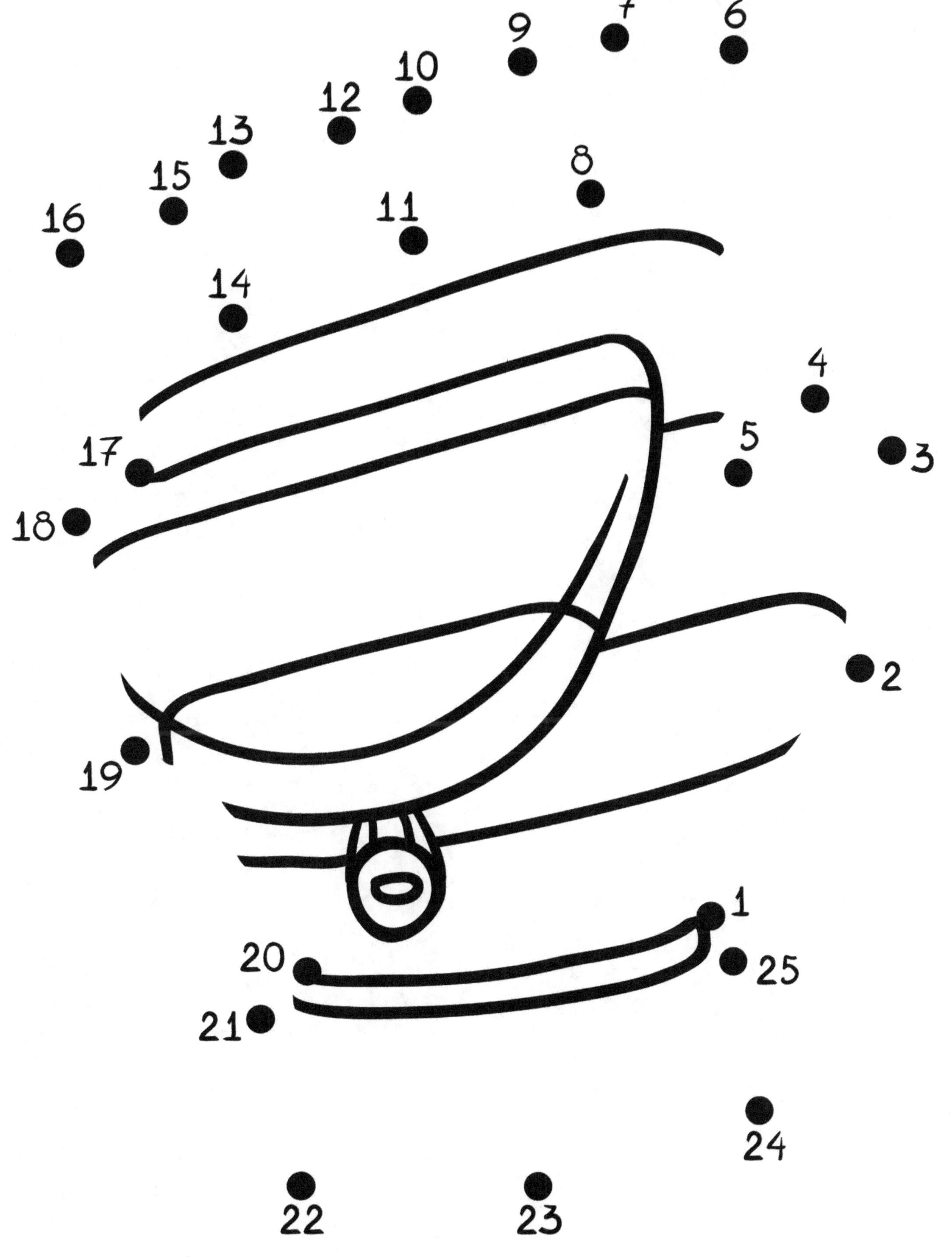

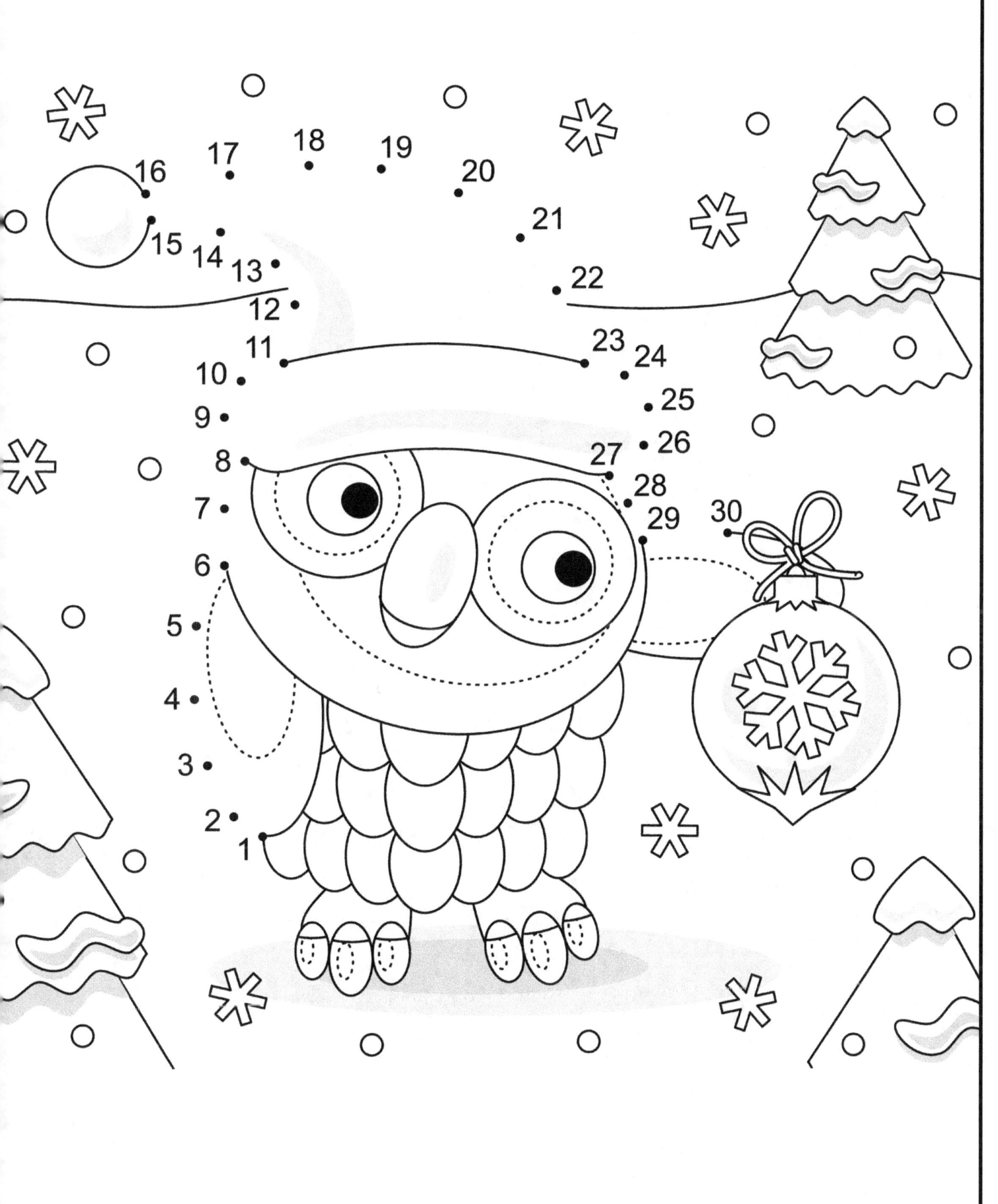

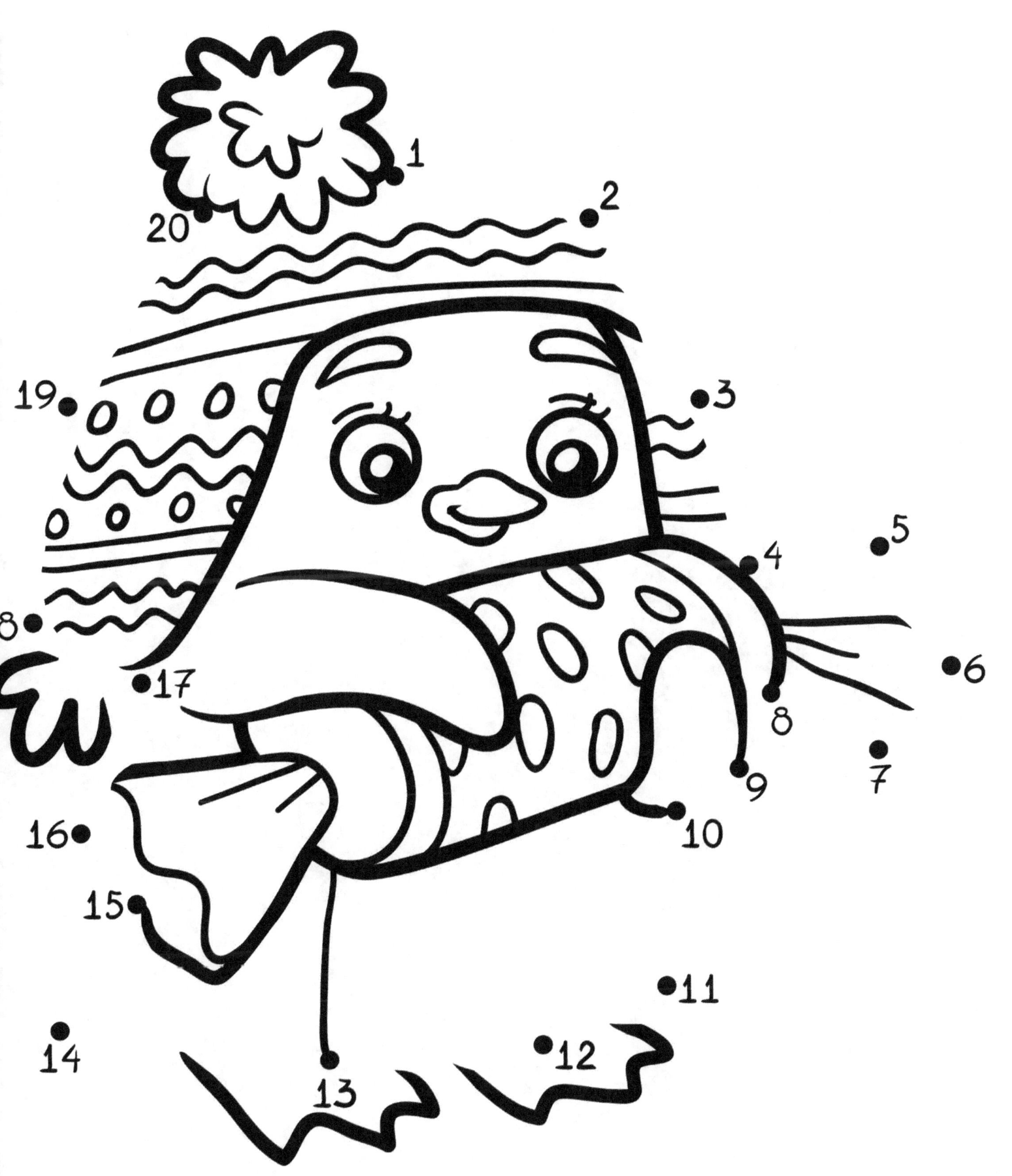

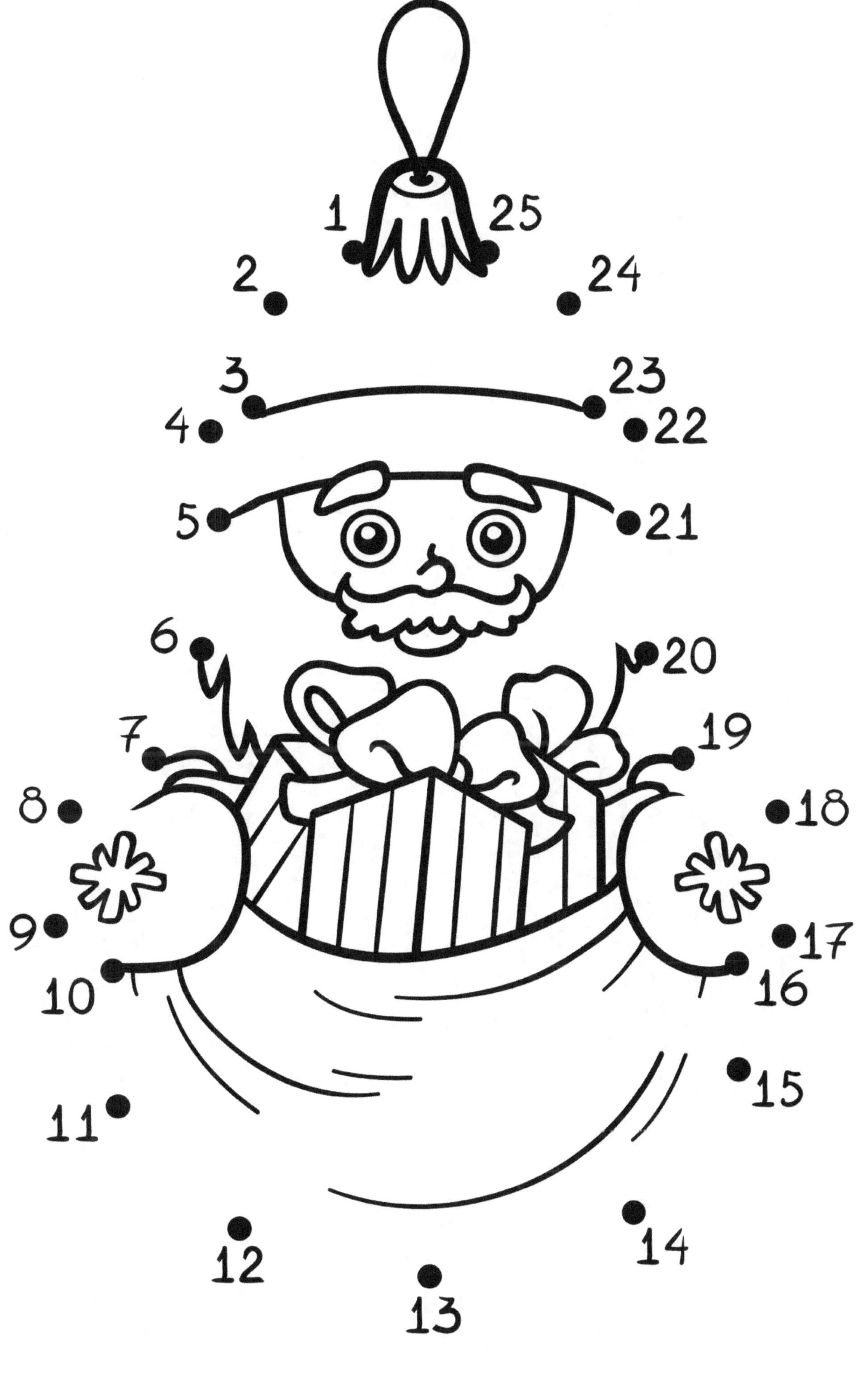

1
25
2
24
3
23
4
22
5
21
6
20
7
19
8
18
9
17
10
16
11
15
12
14
13

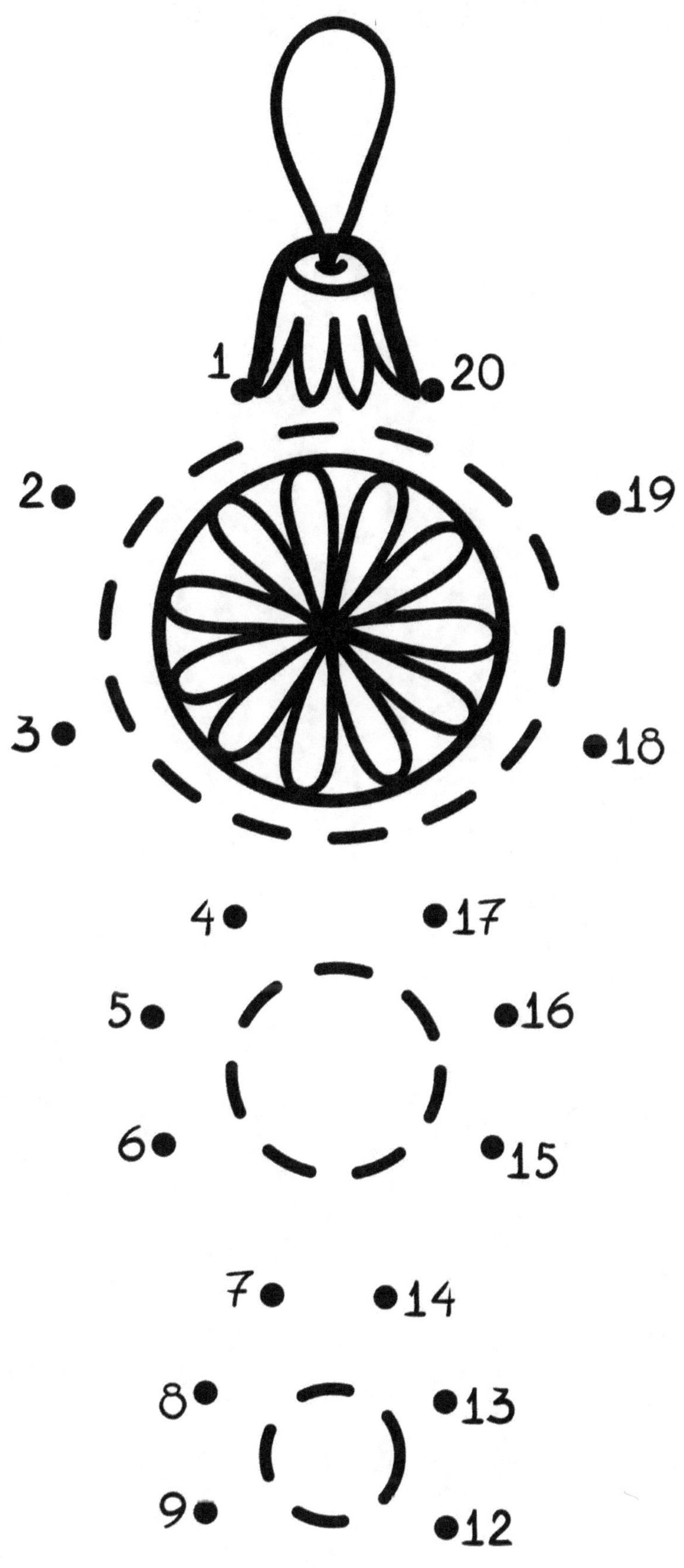

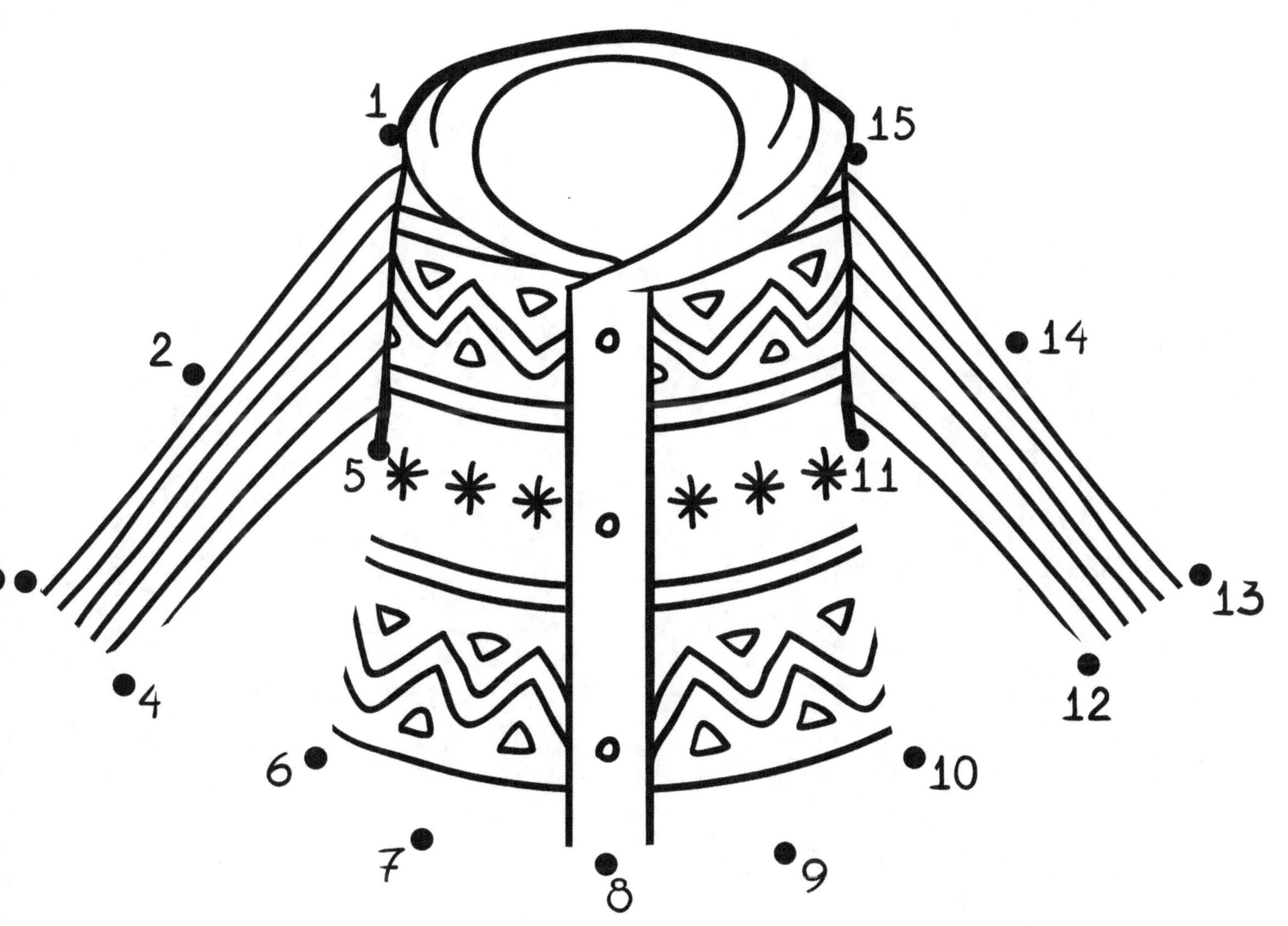

1
15
2
14
5 * * * * * * * * 11
3
13
4
12
6
10
7
8
9

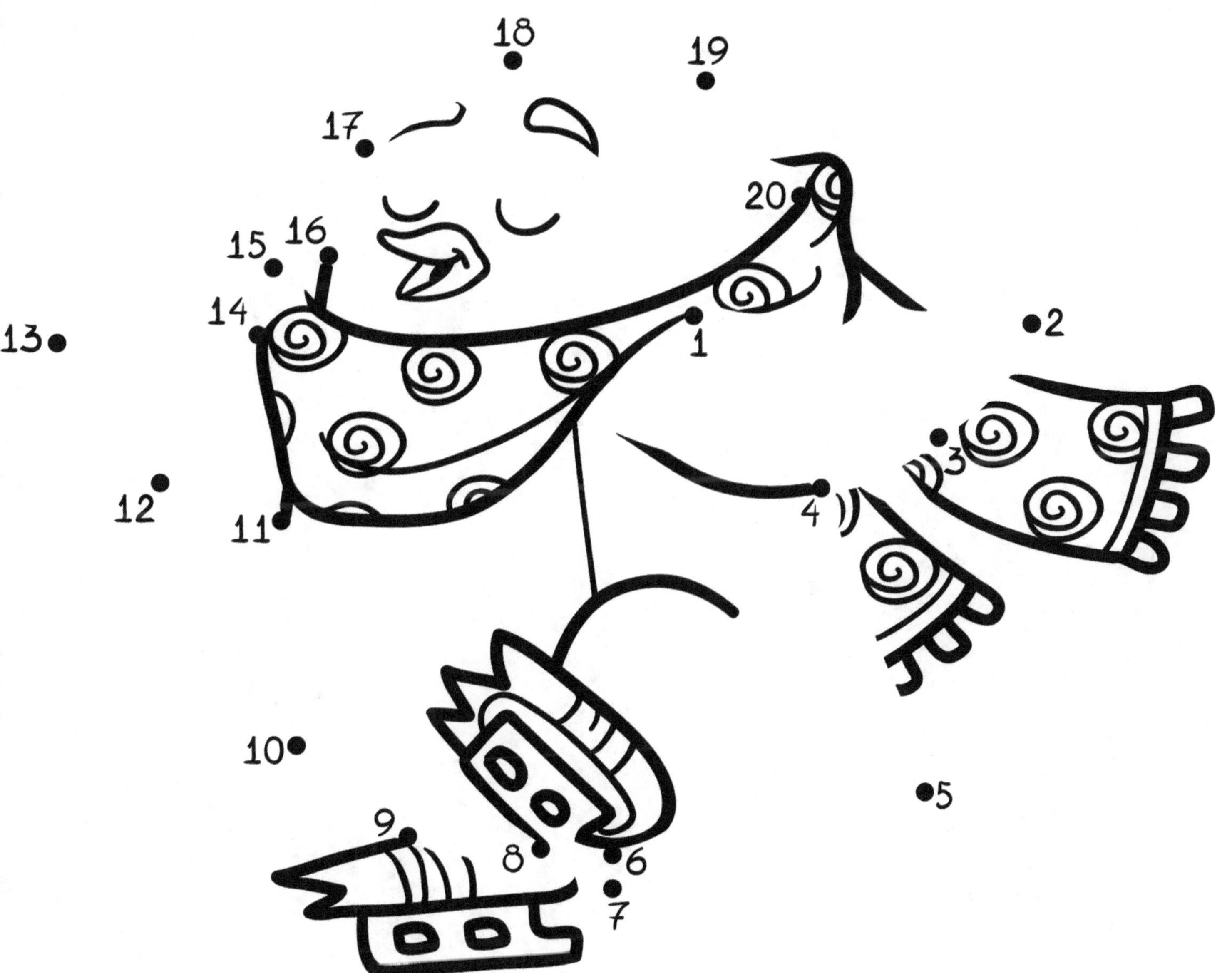

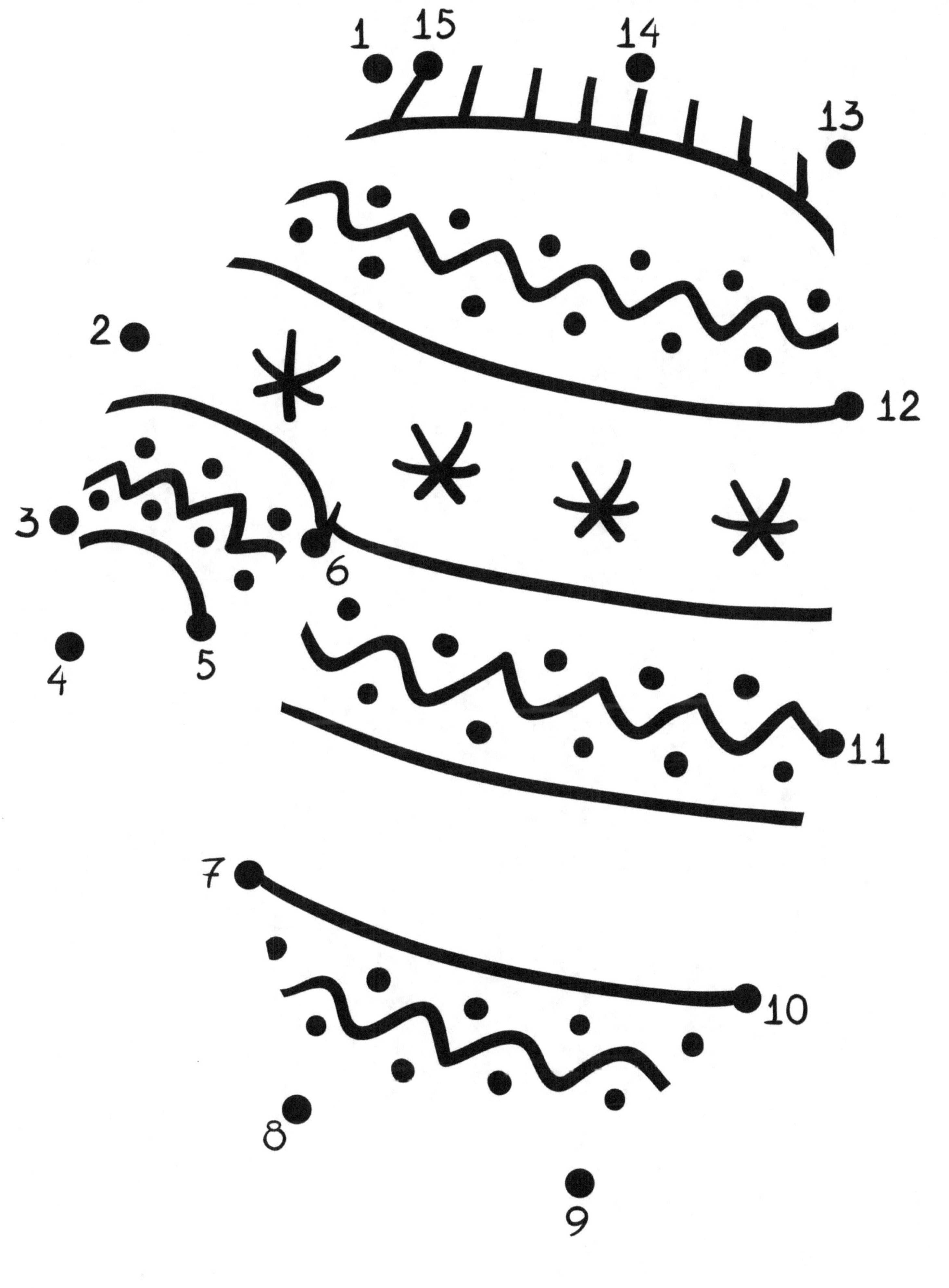

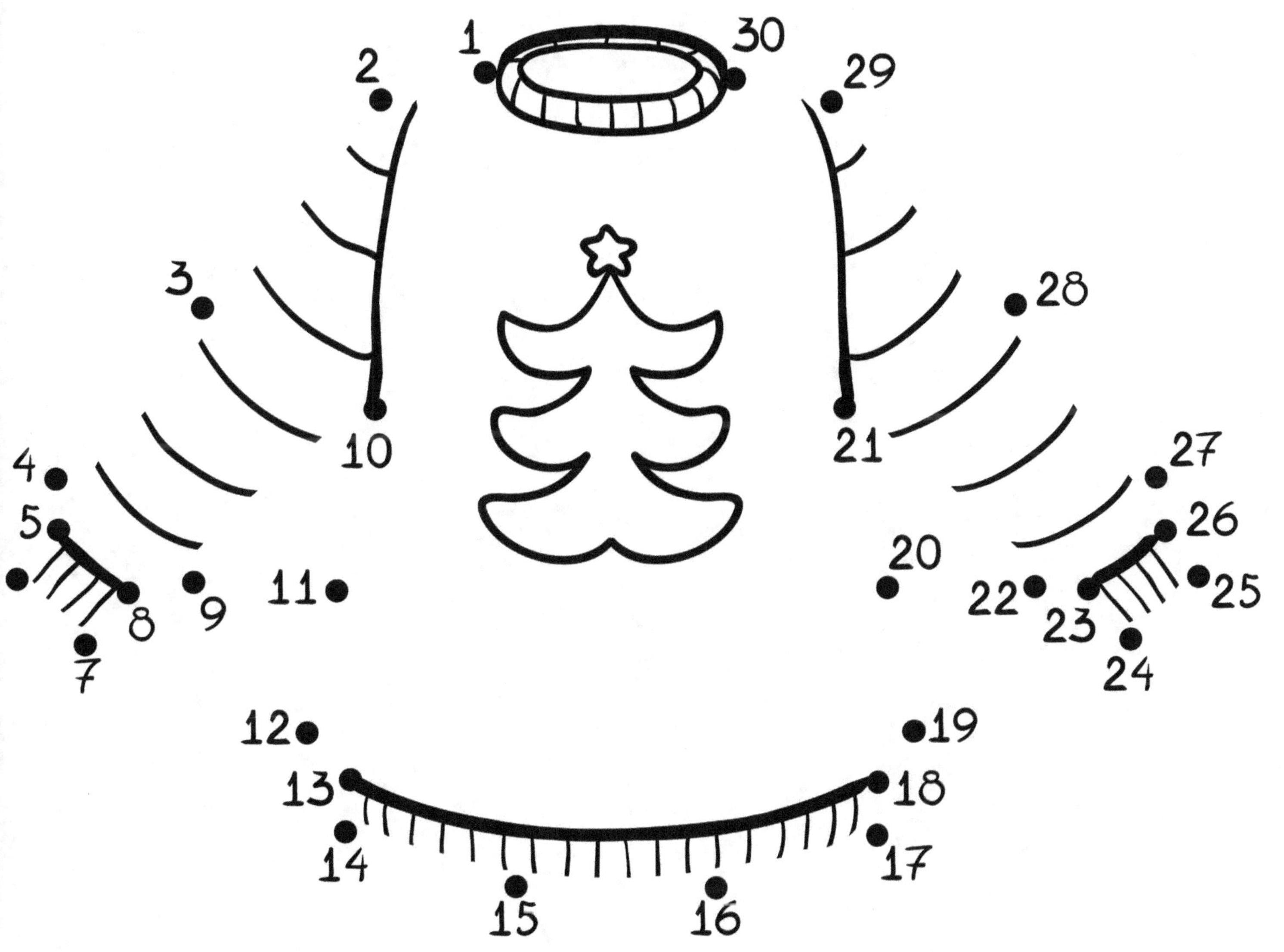

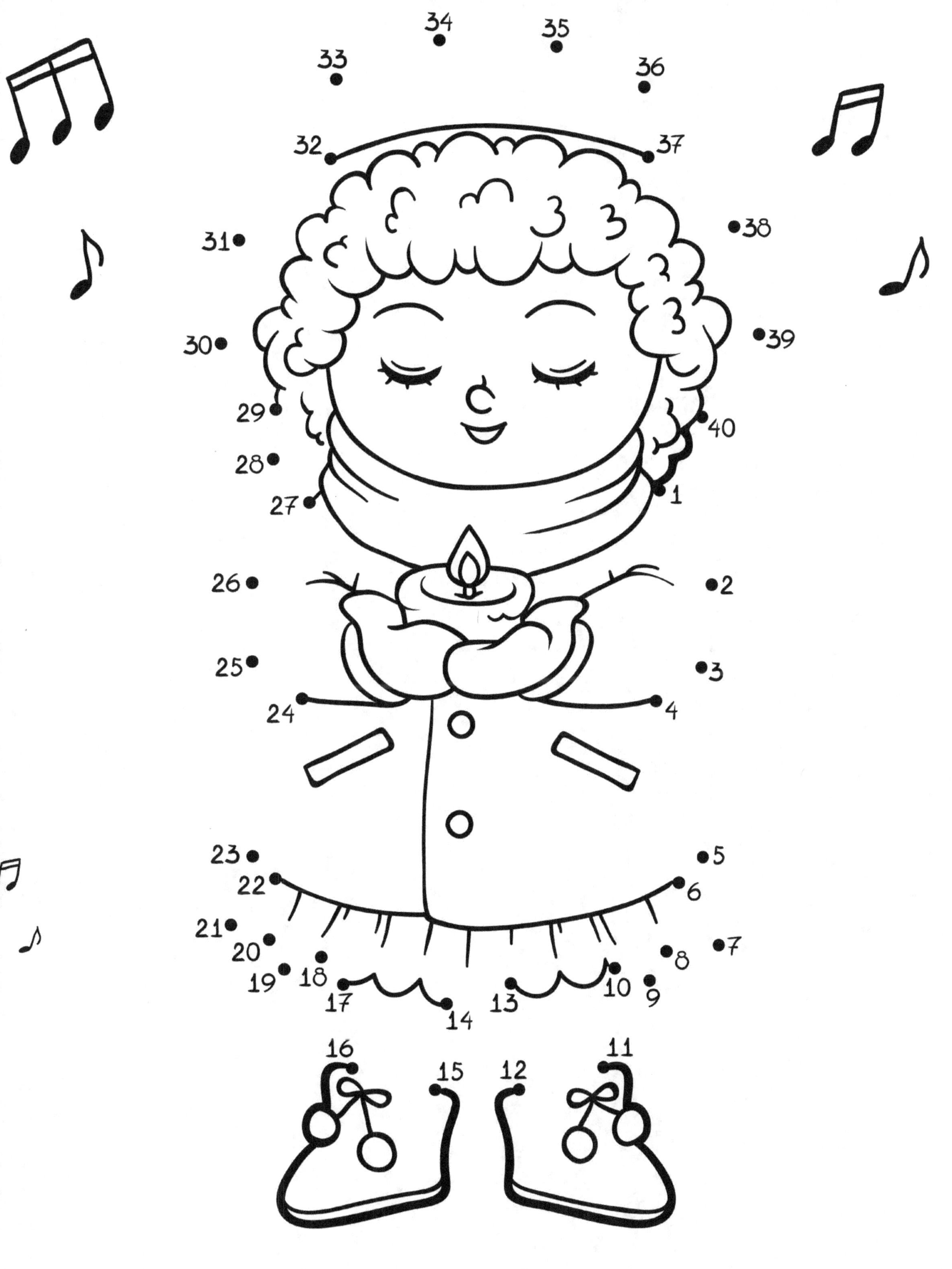

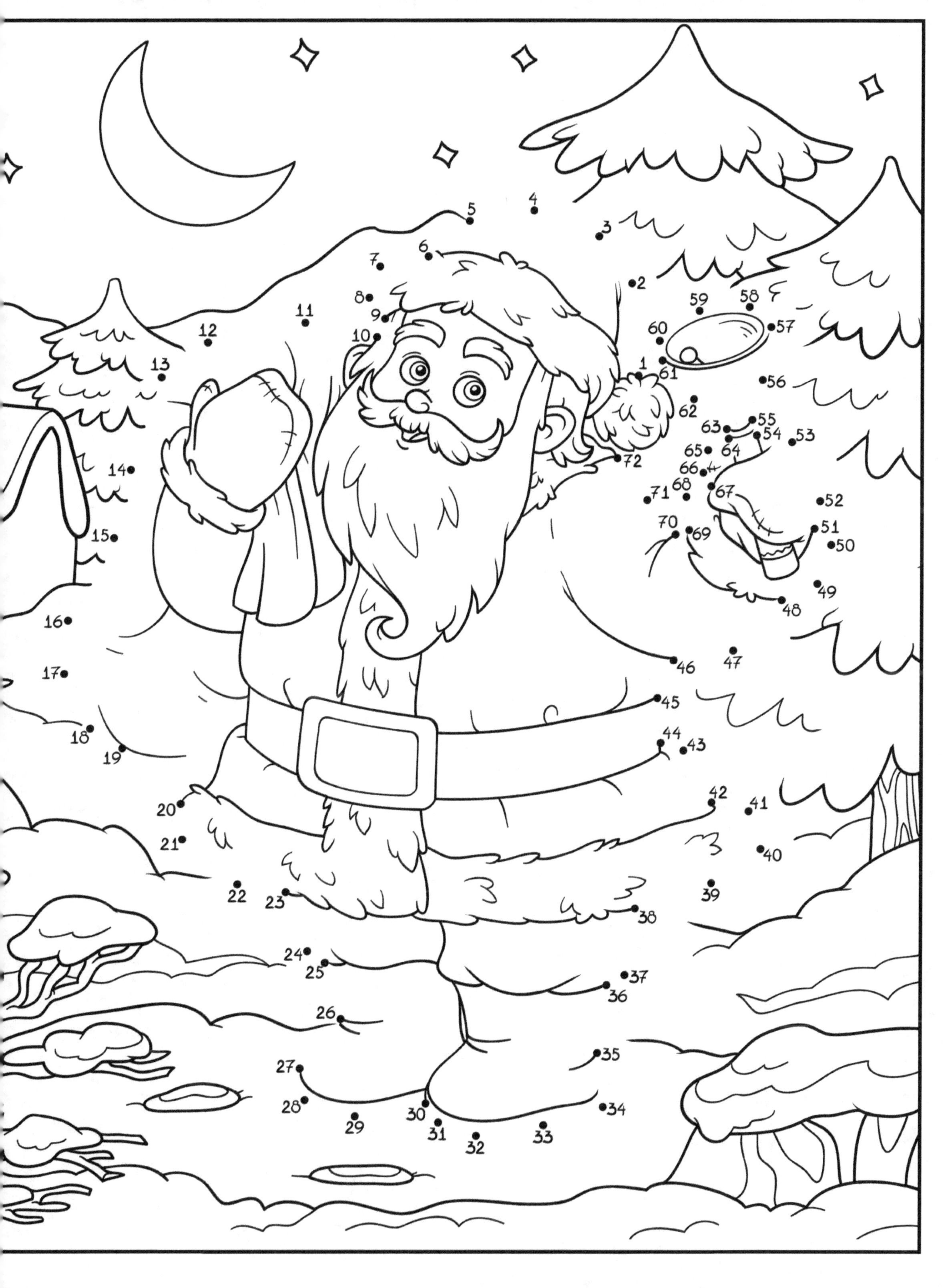

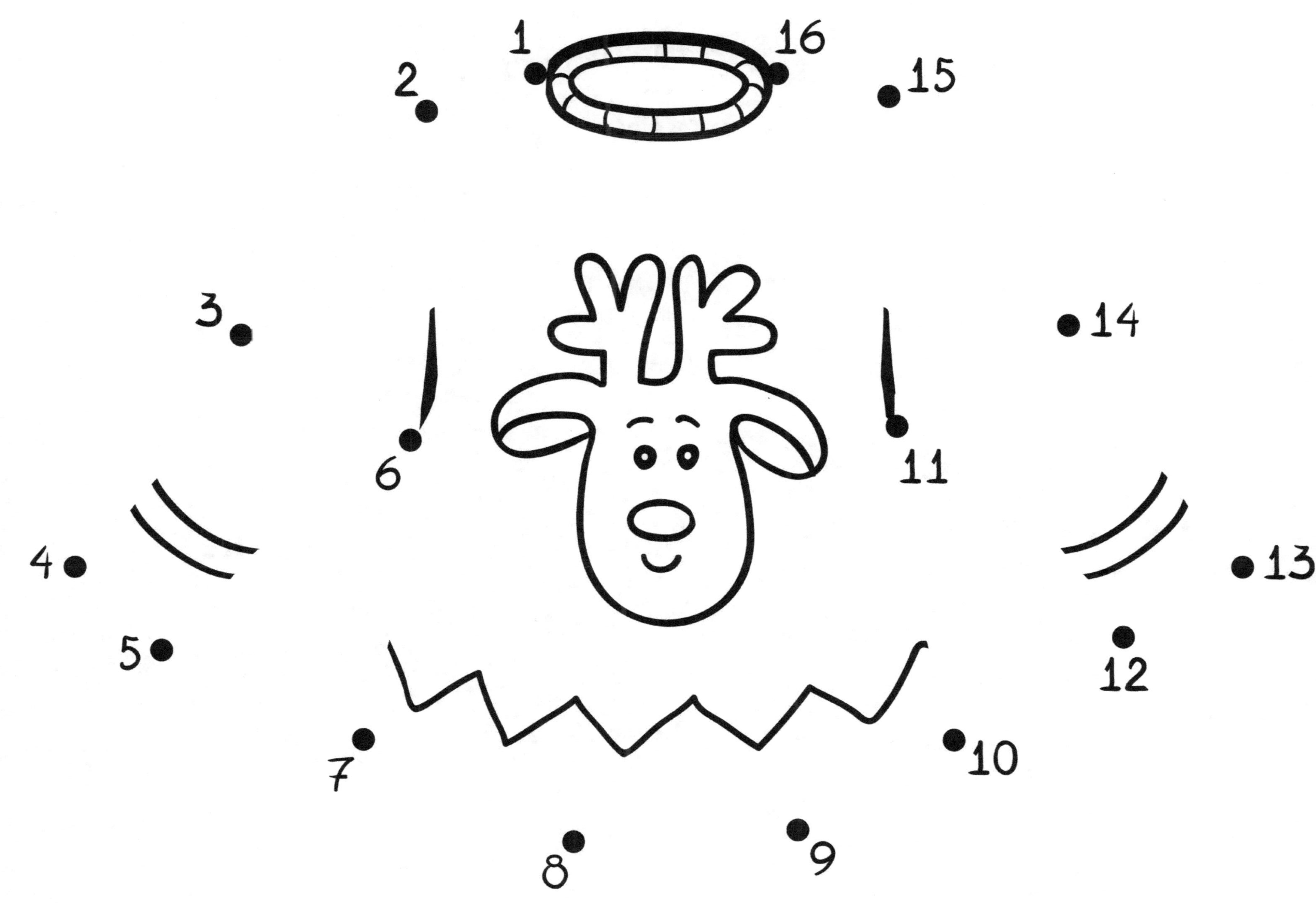

1
16
2
15
3
14
6
11
4
13
5
12
7
10
8
9

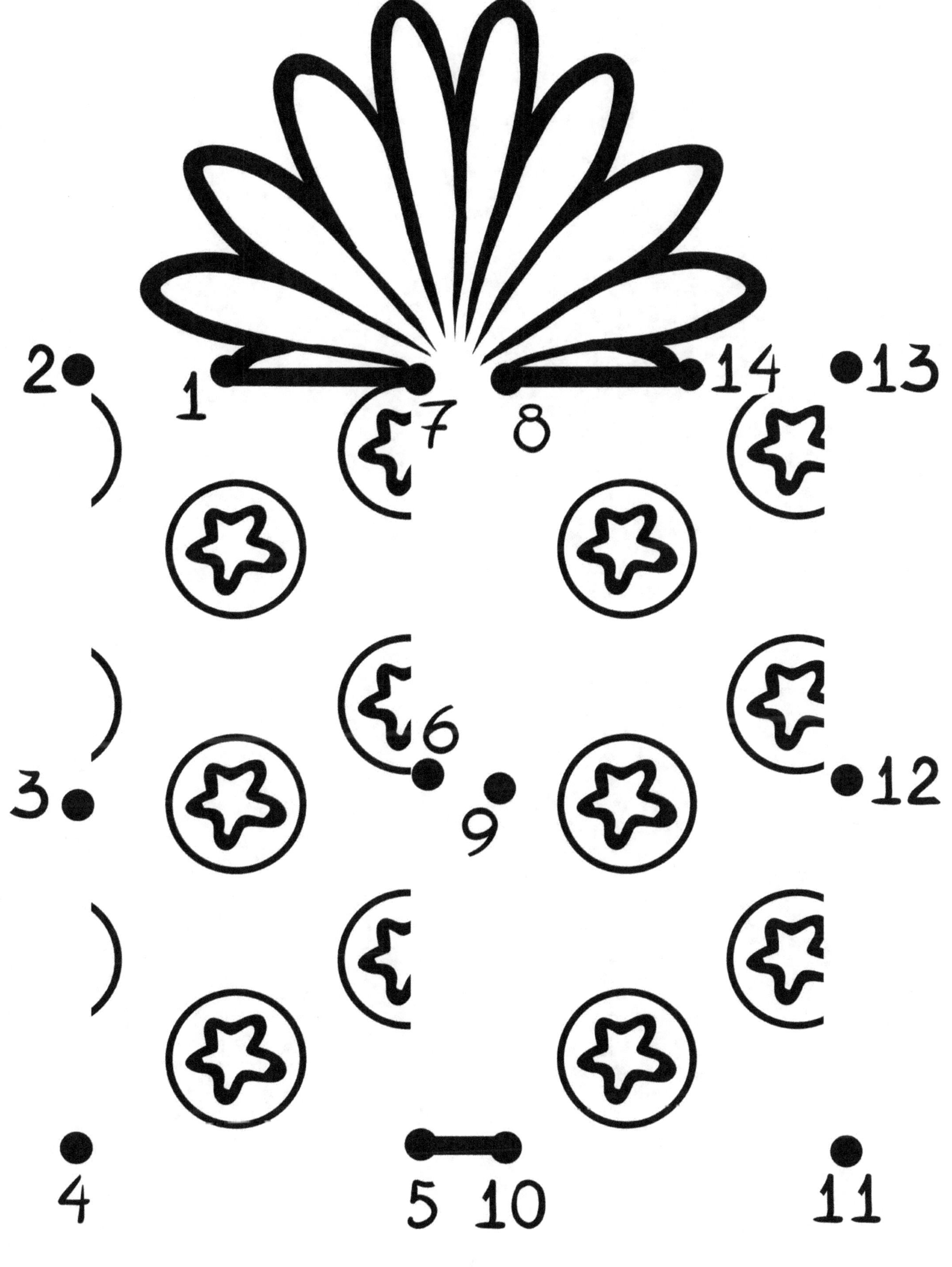

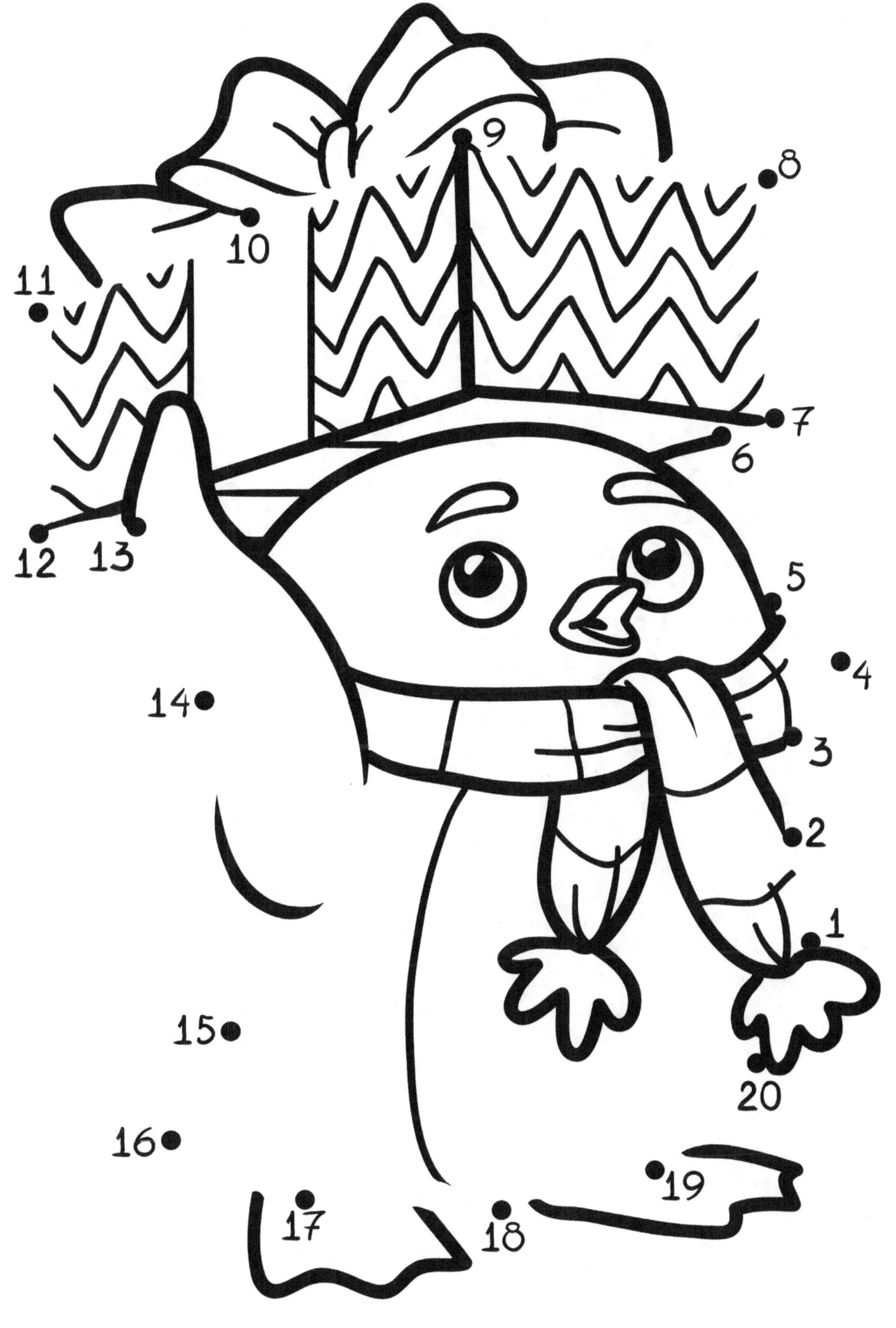

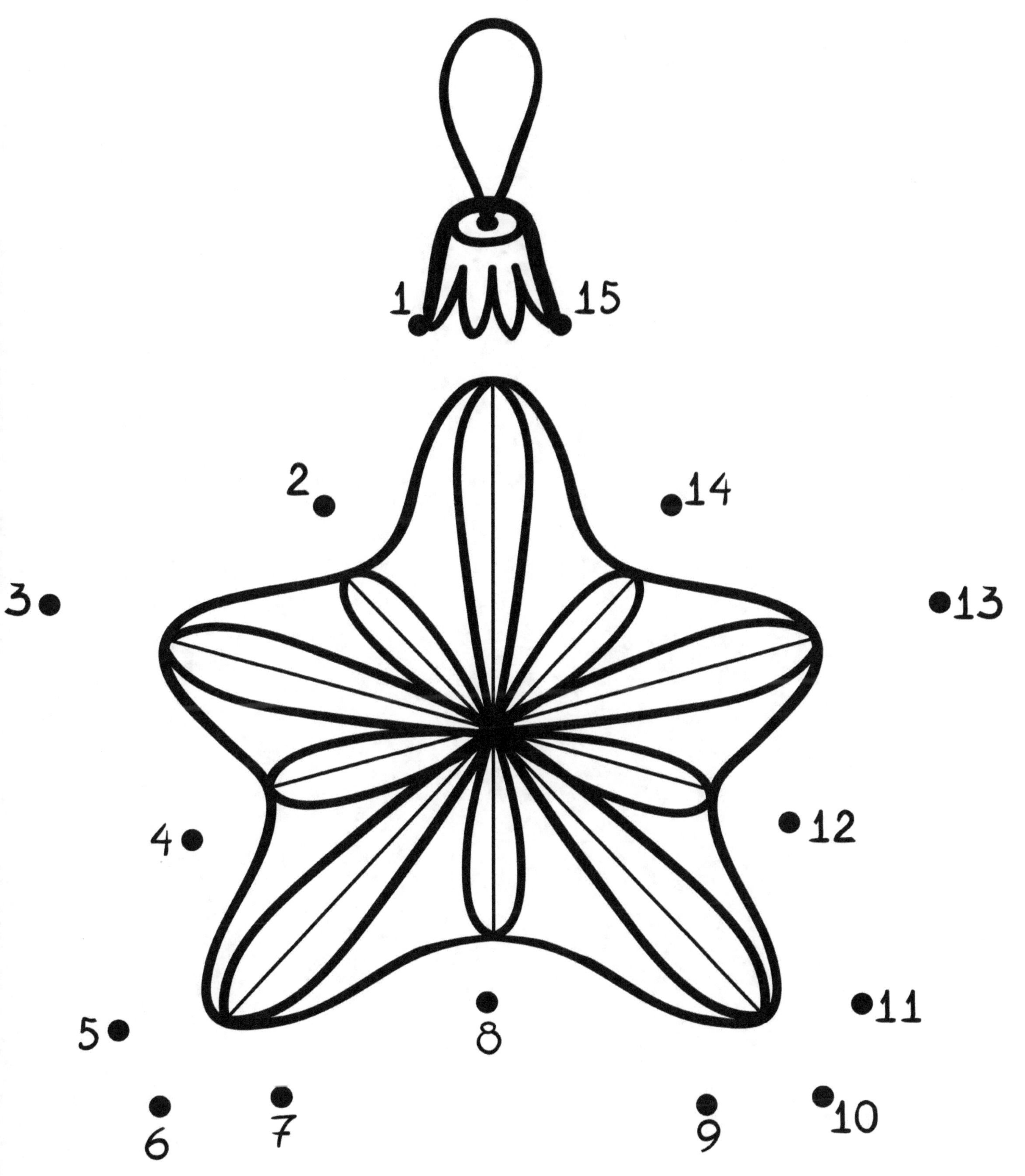

1
15
2
14
3
13
4
12
5
11
6
7
8
9
10

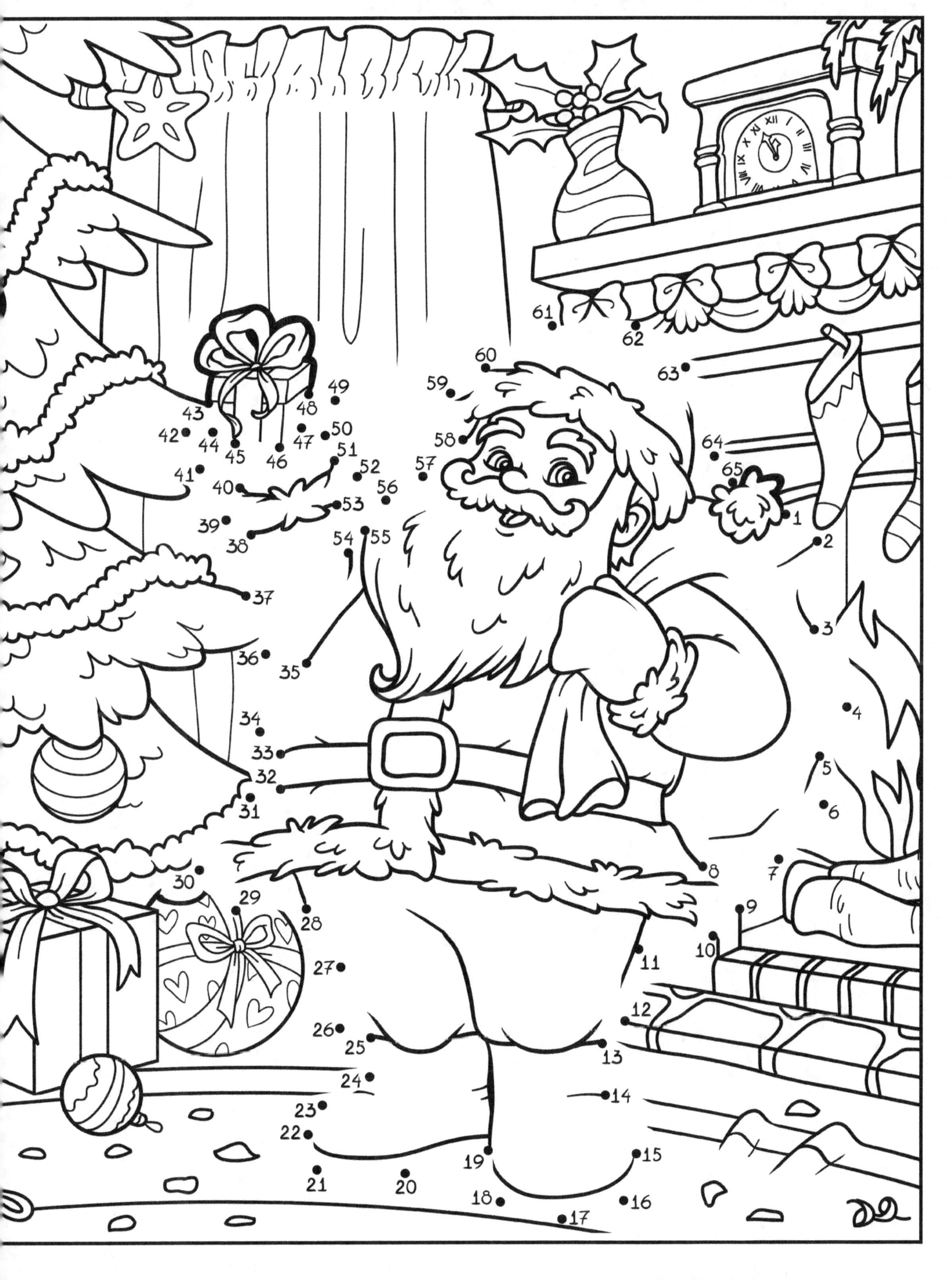

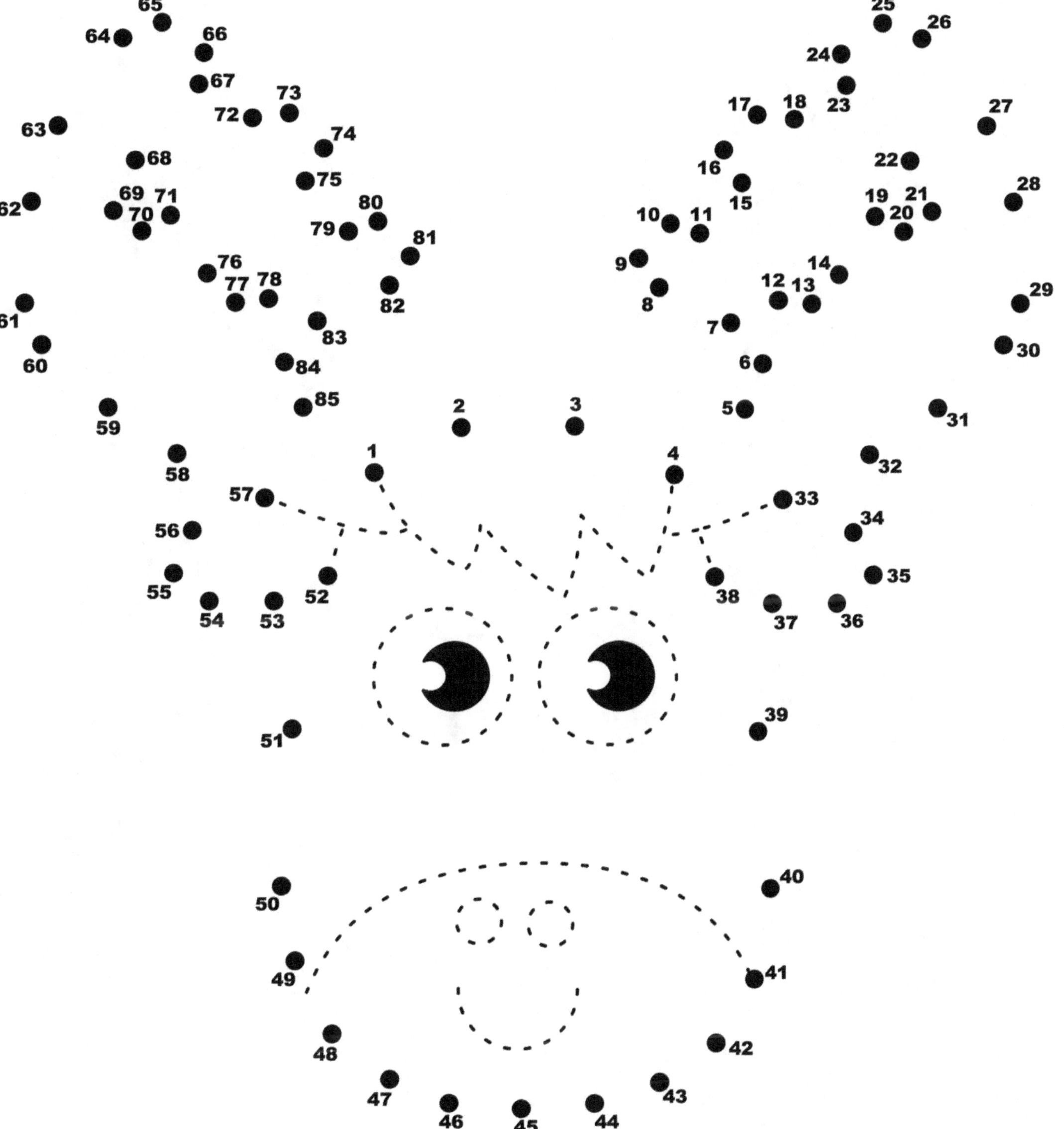

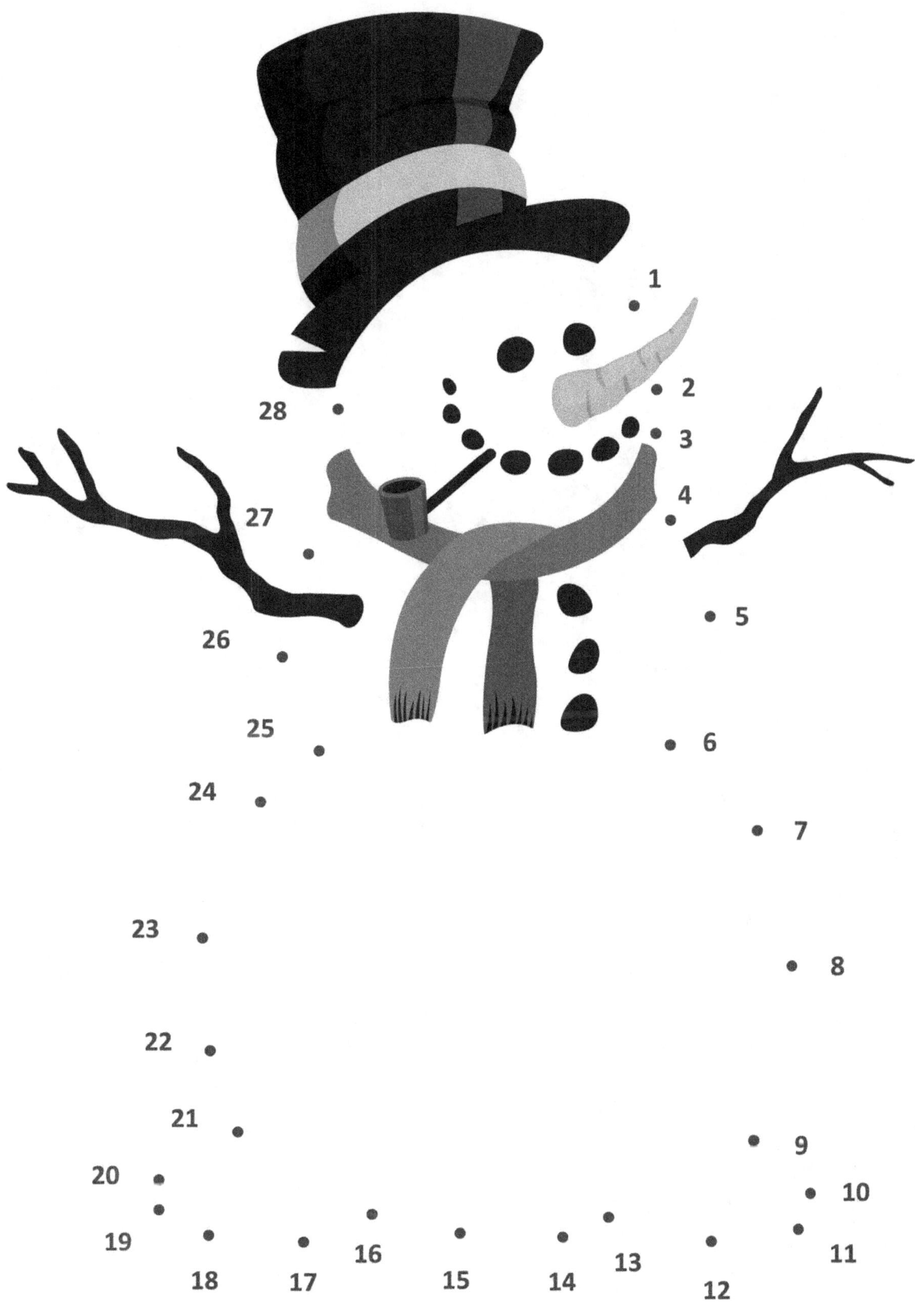

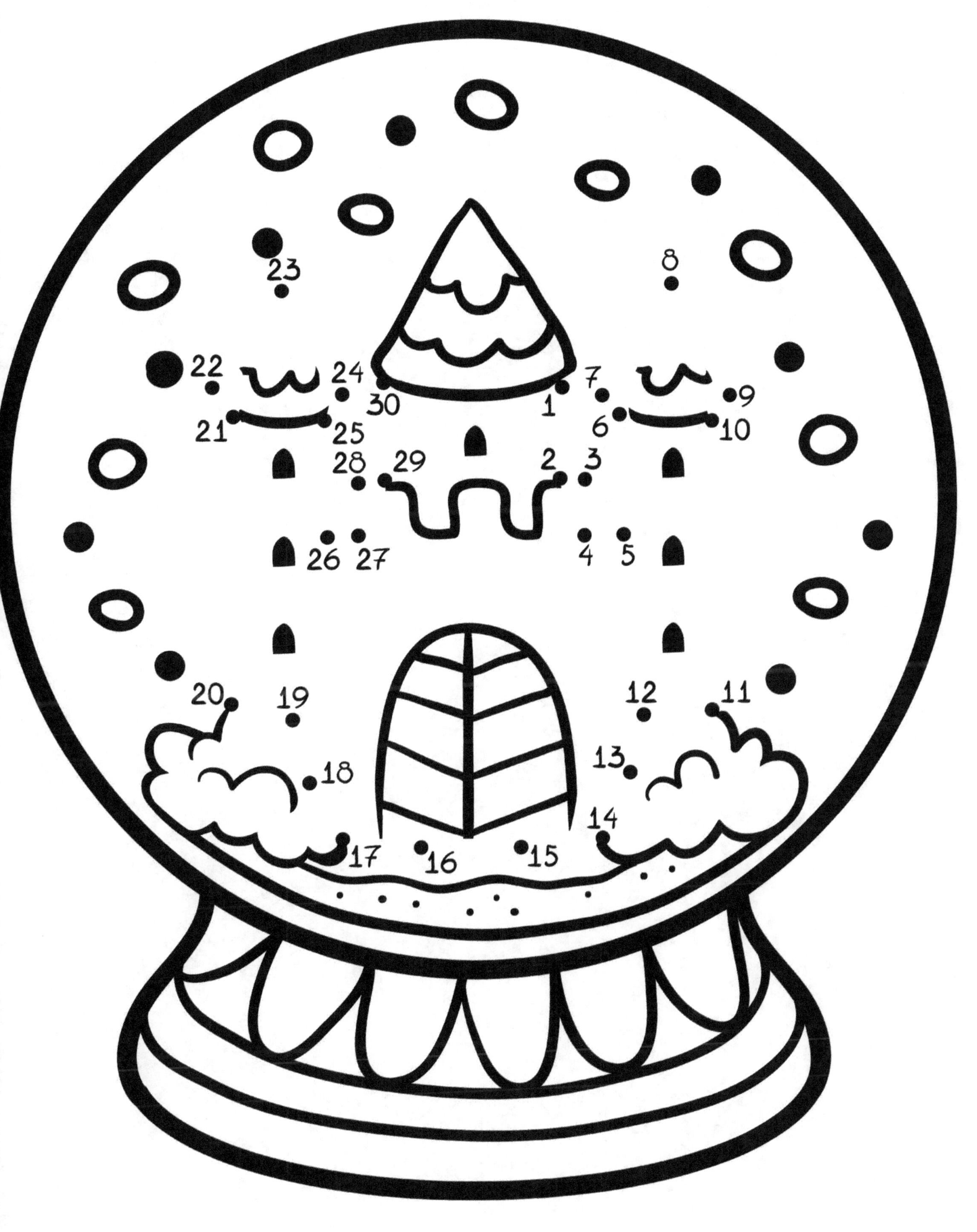

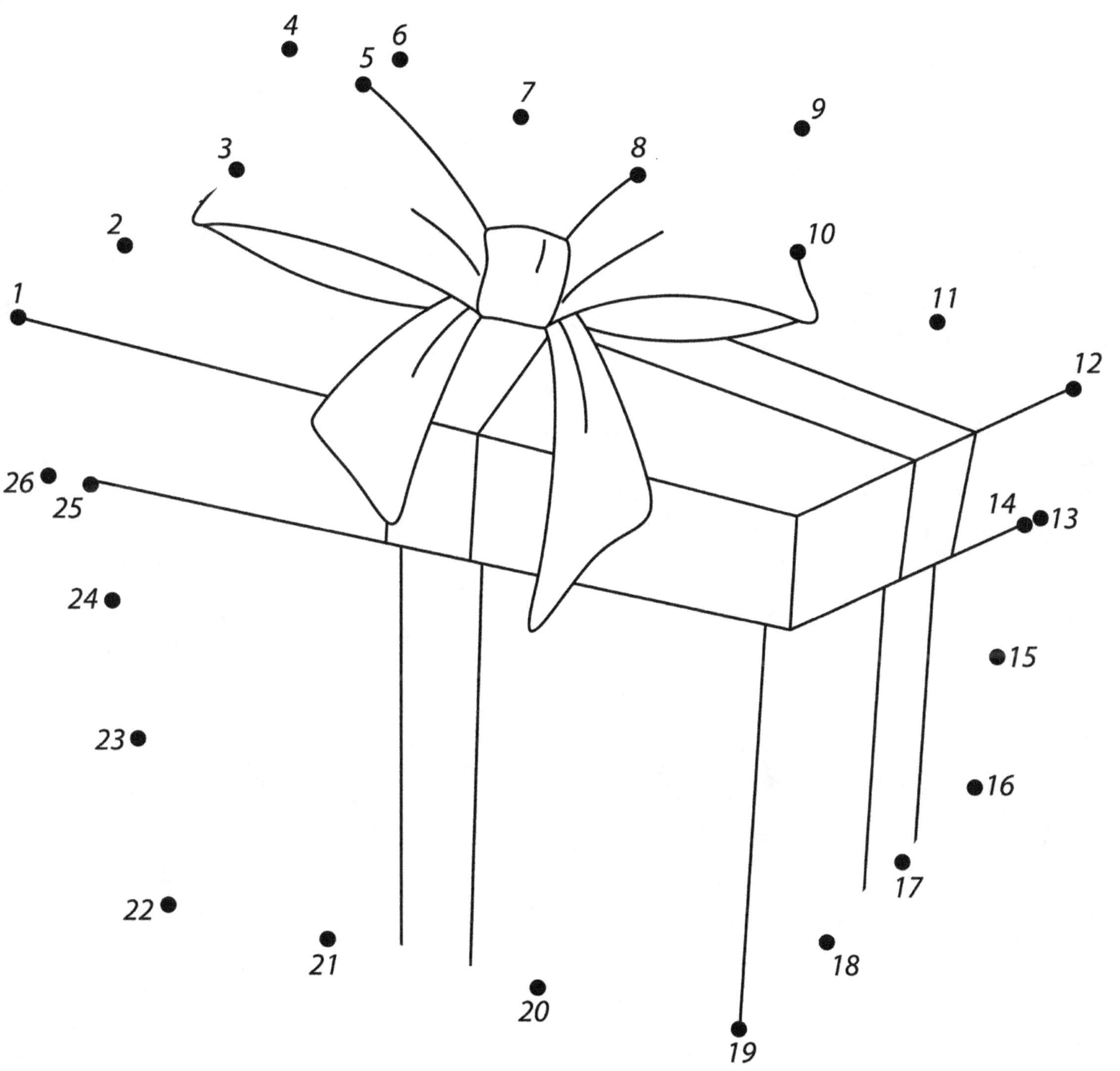

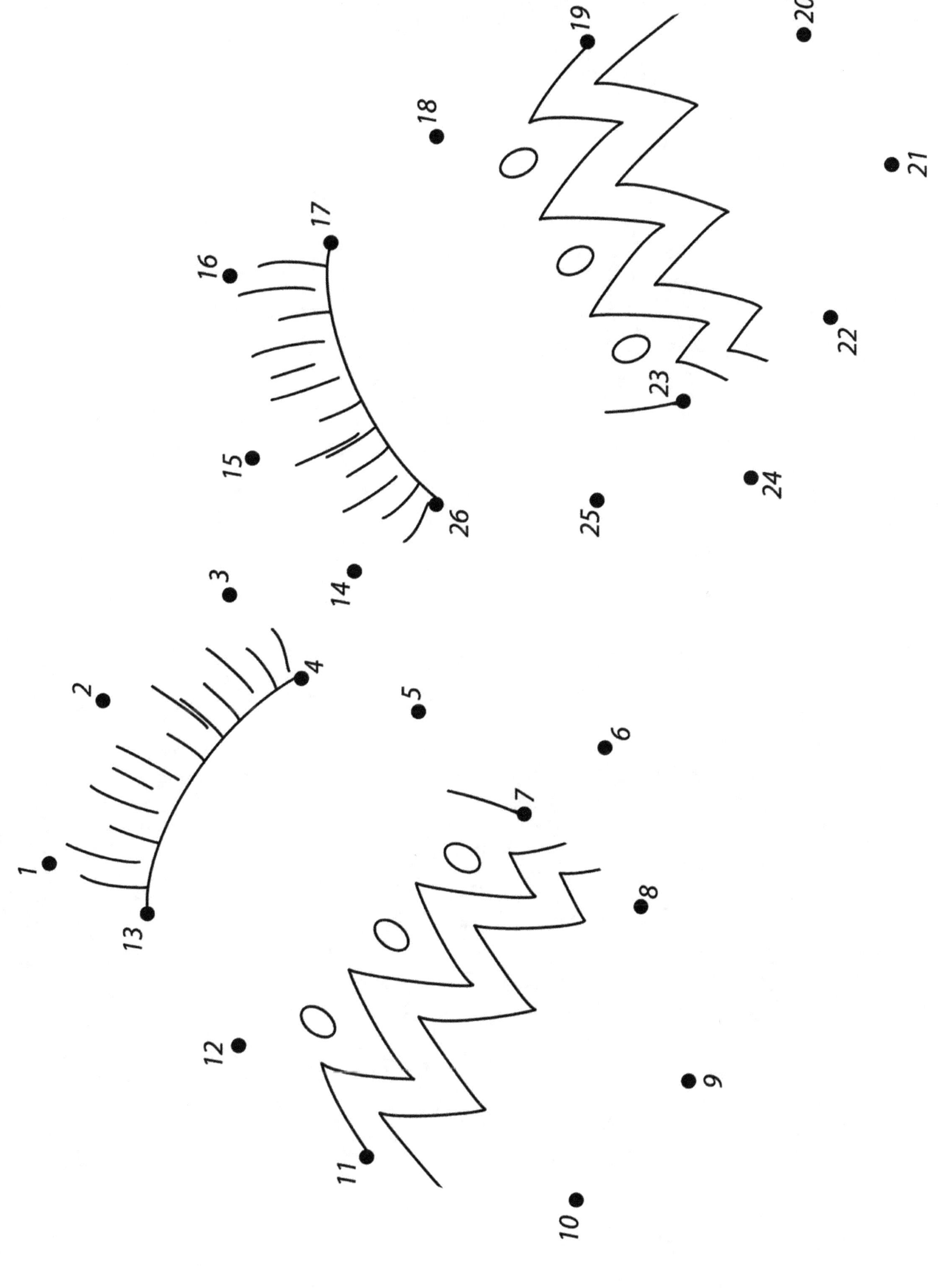

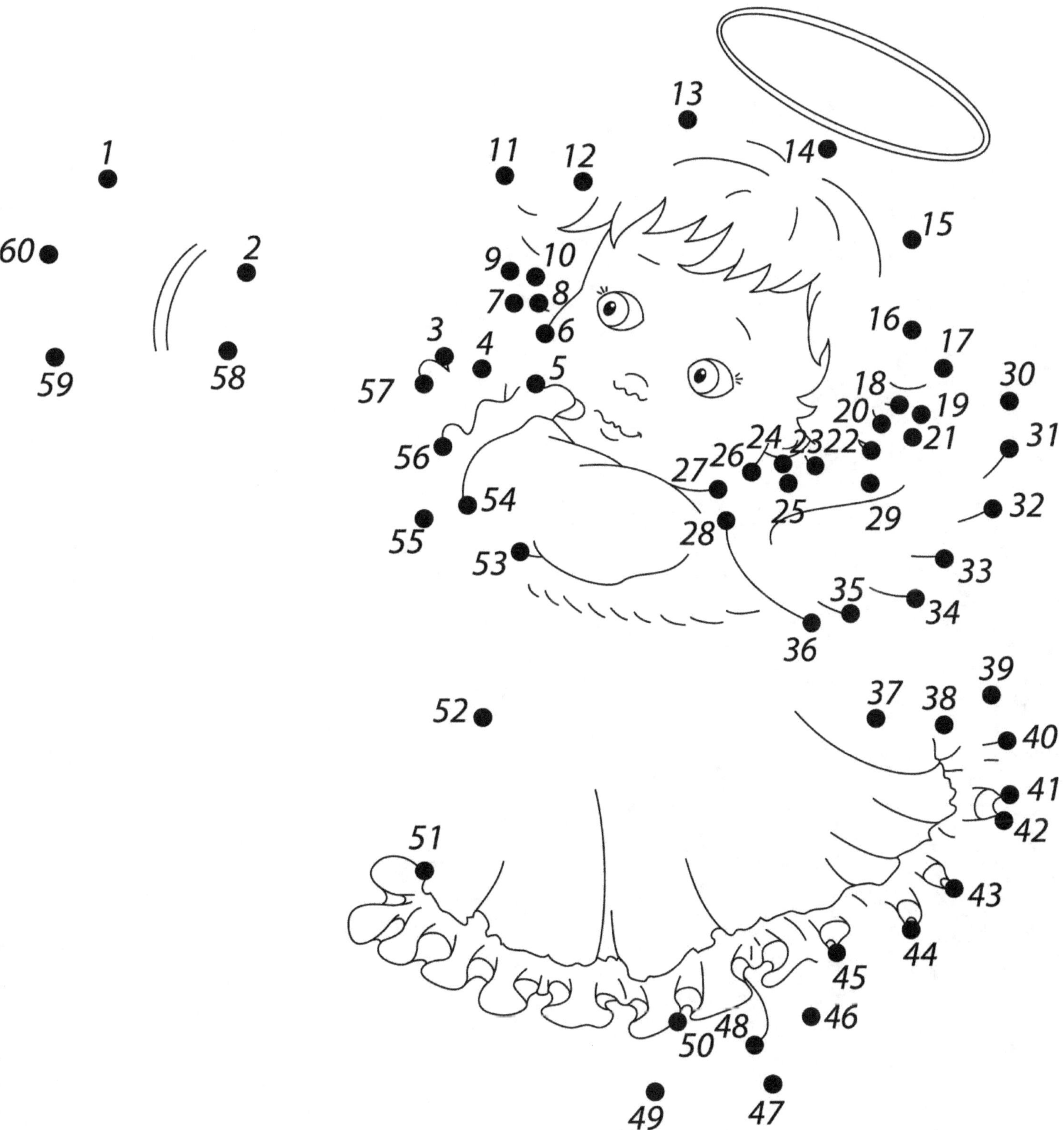

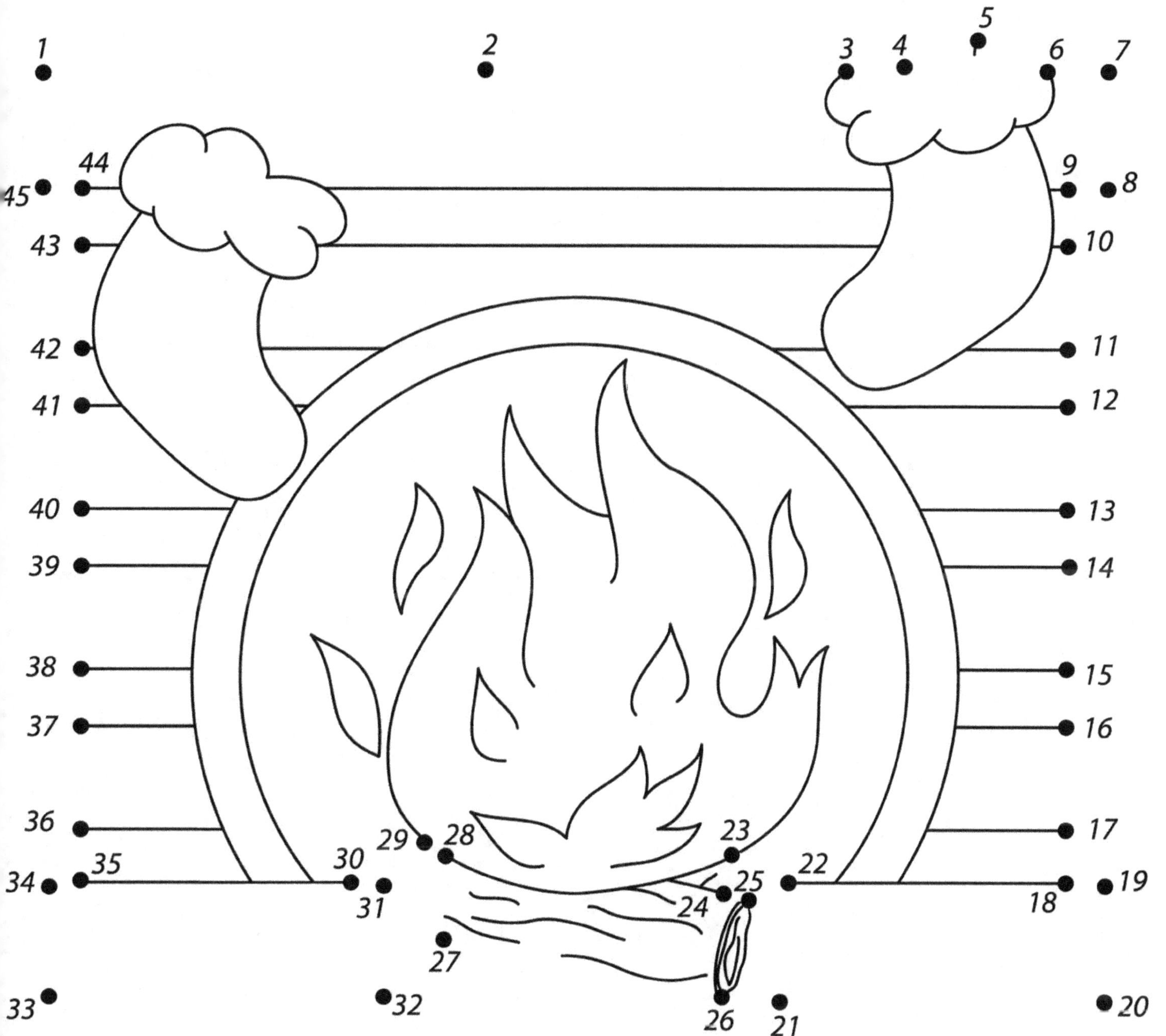

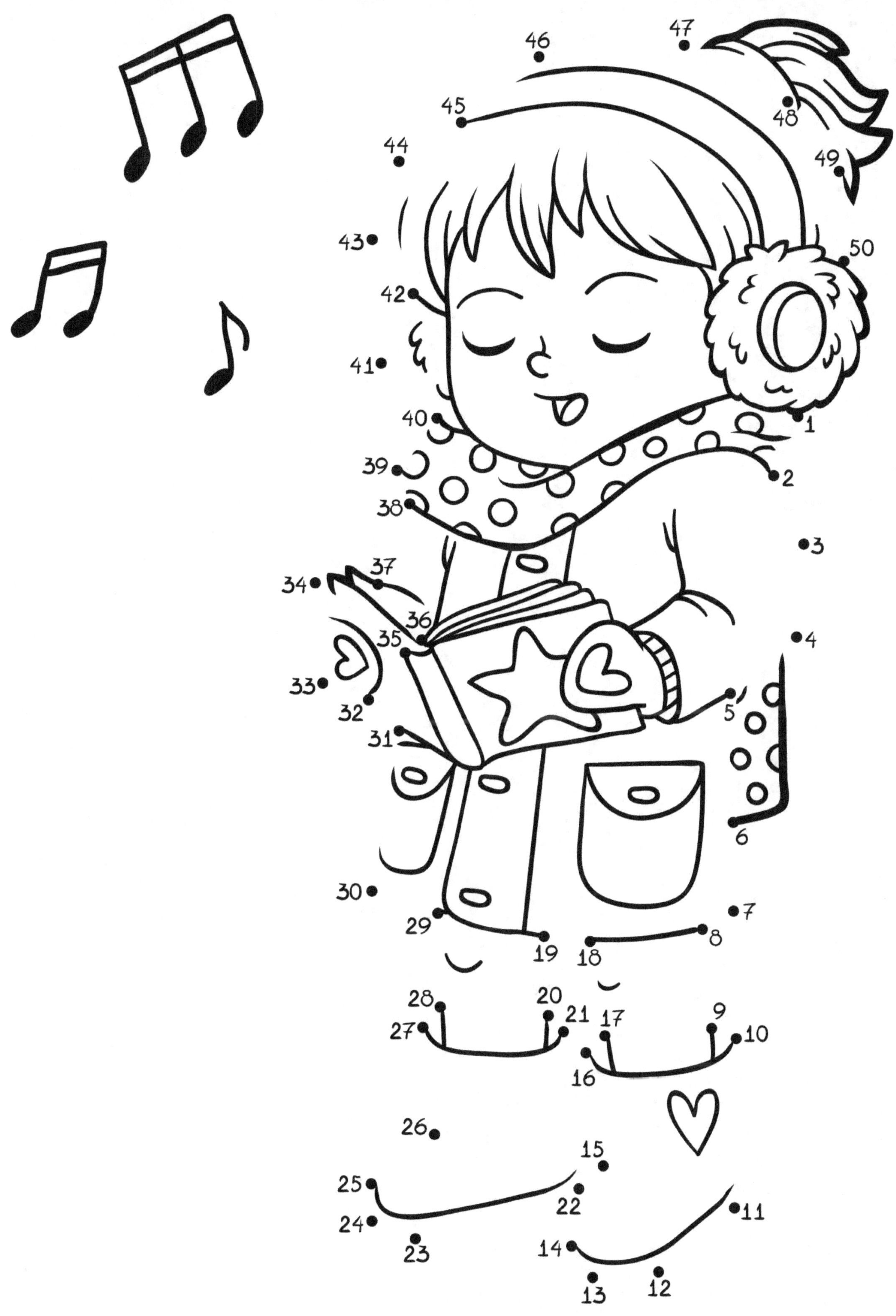

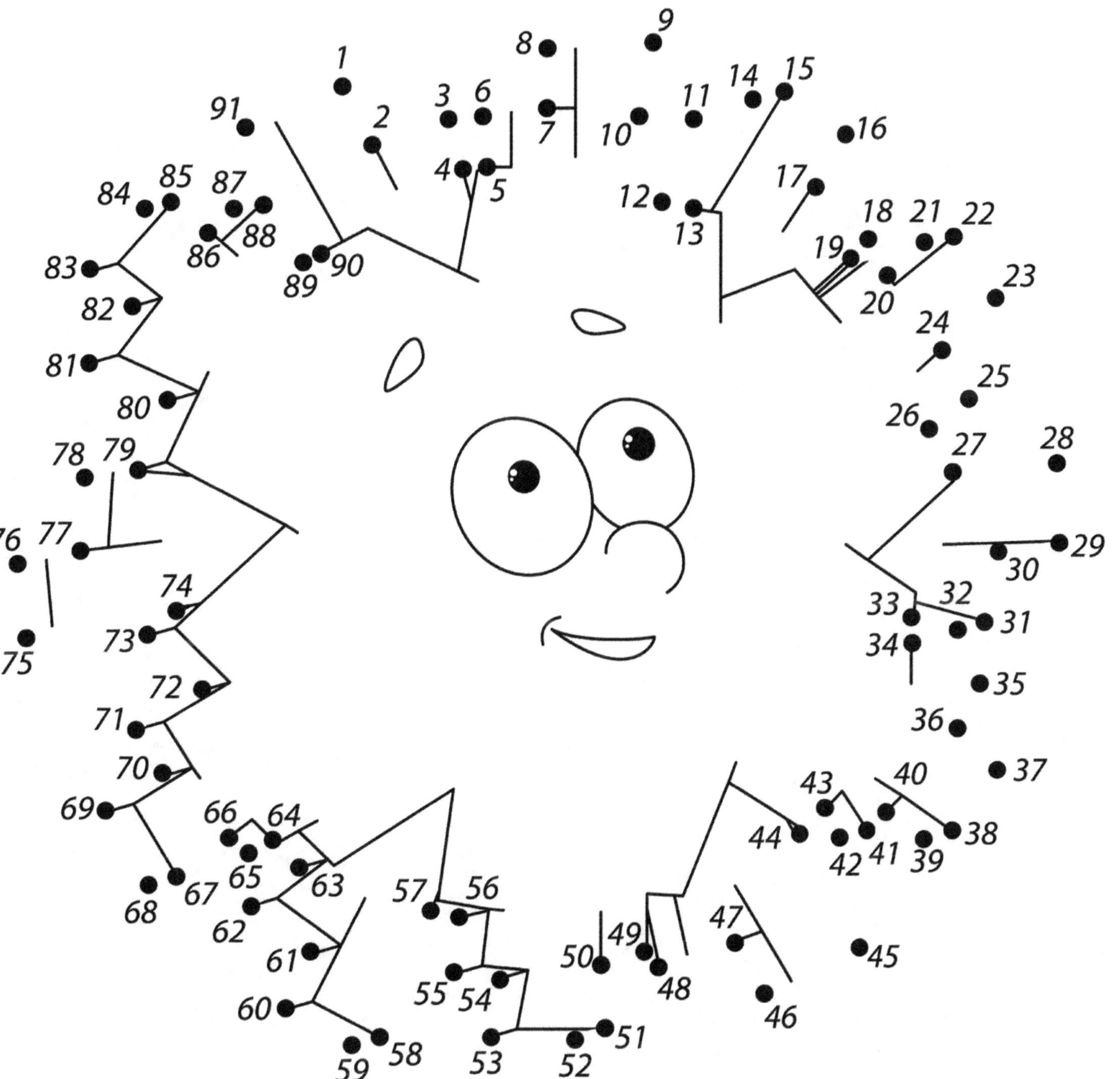

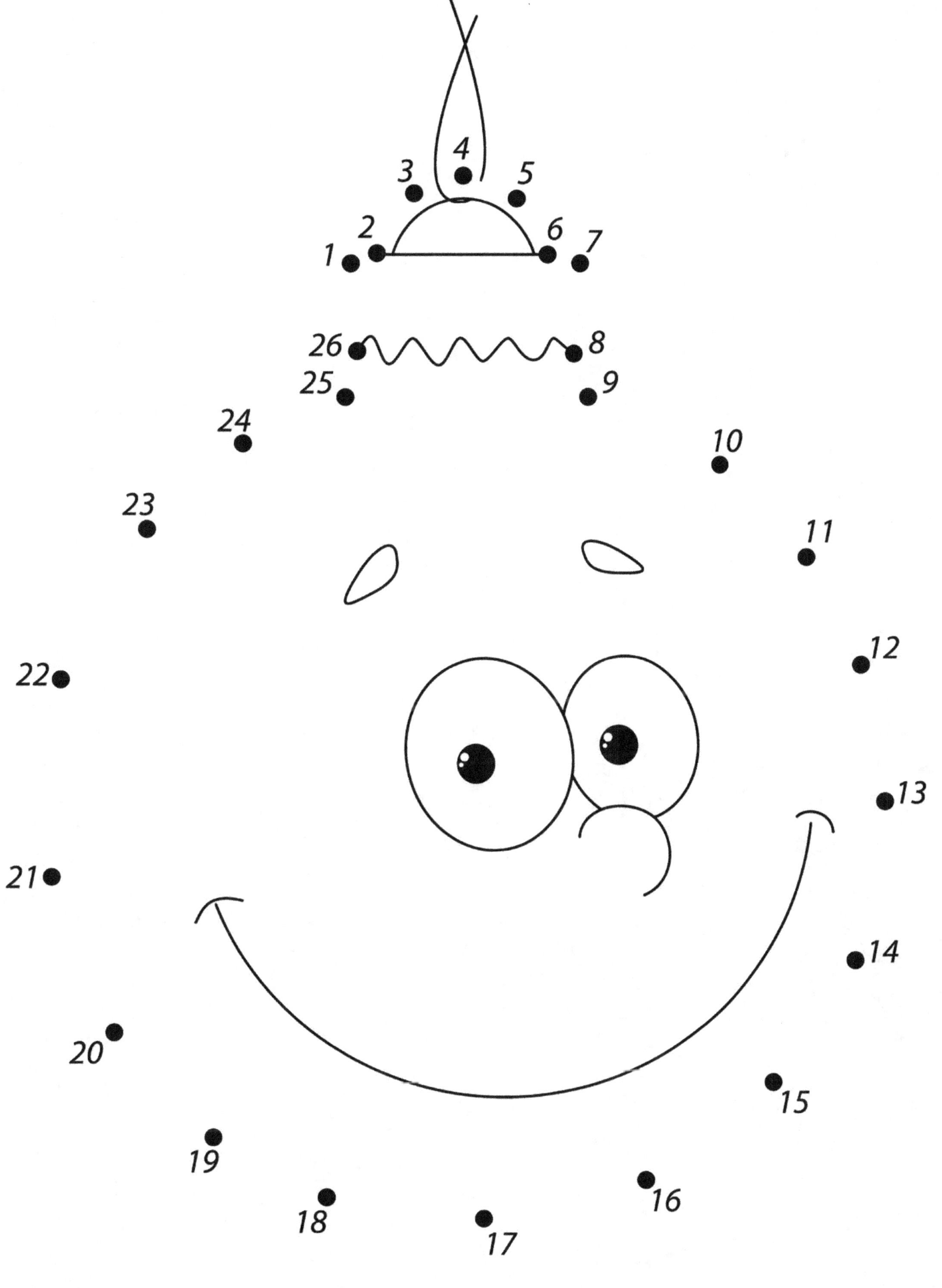

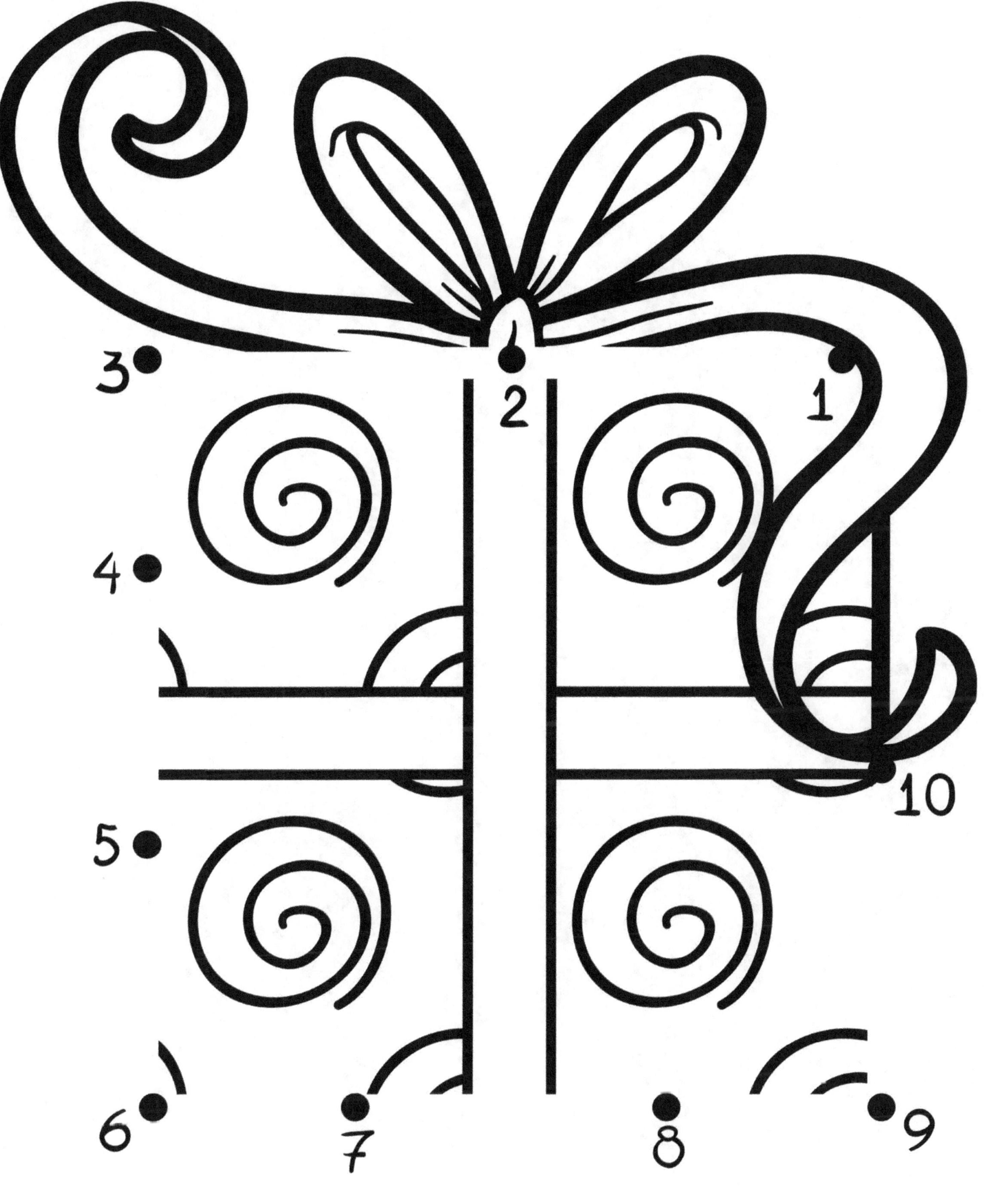

3
2
1
4
10
5
6
7
8
9

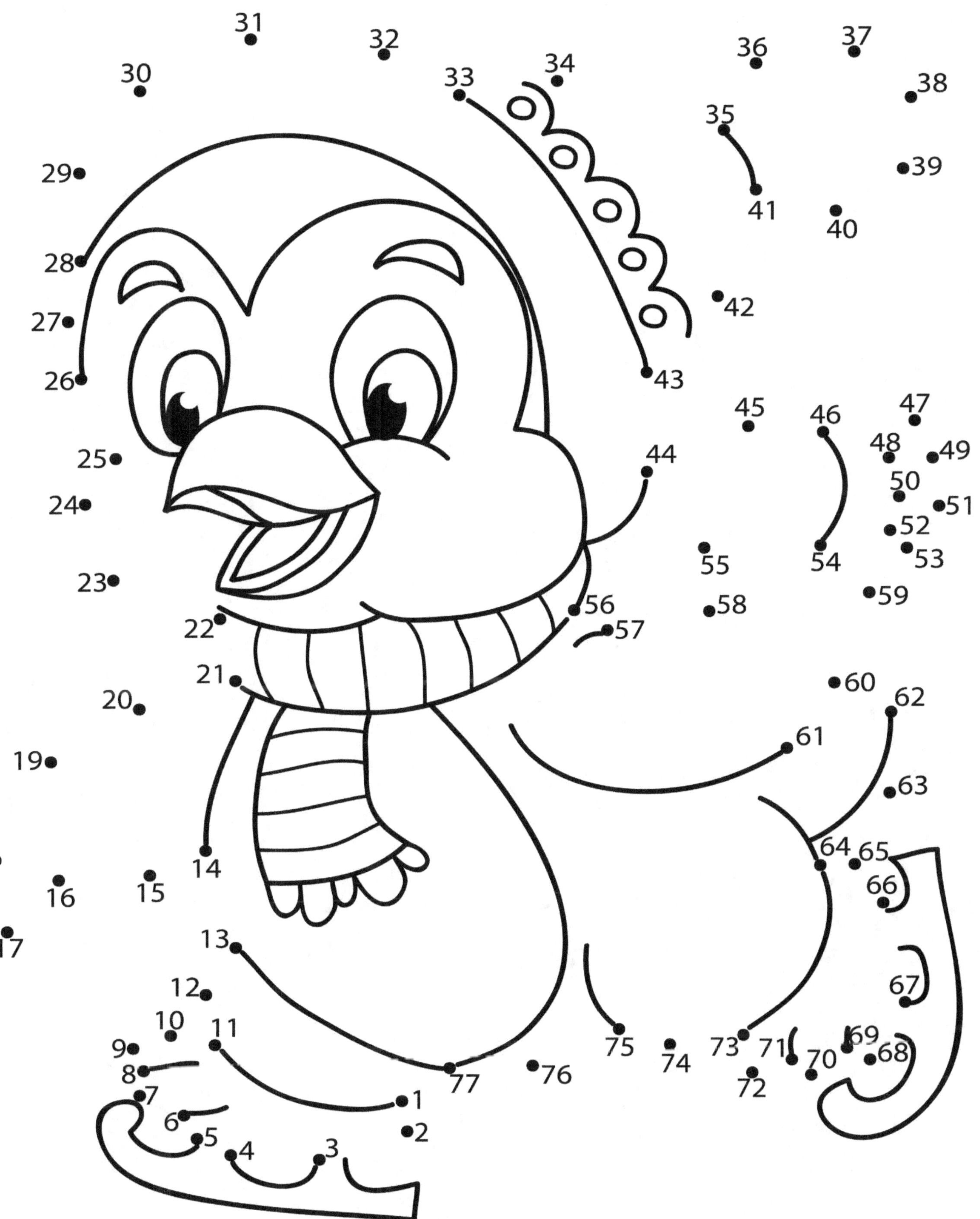

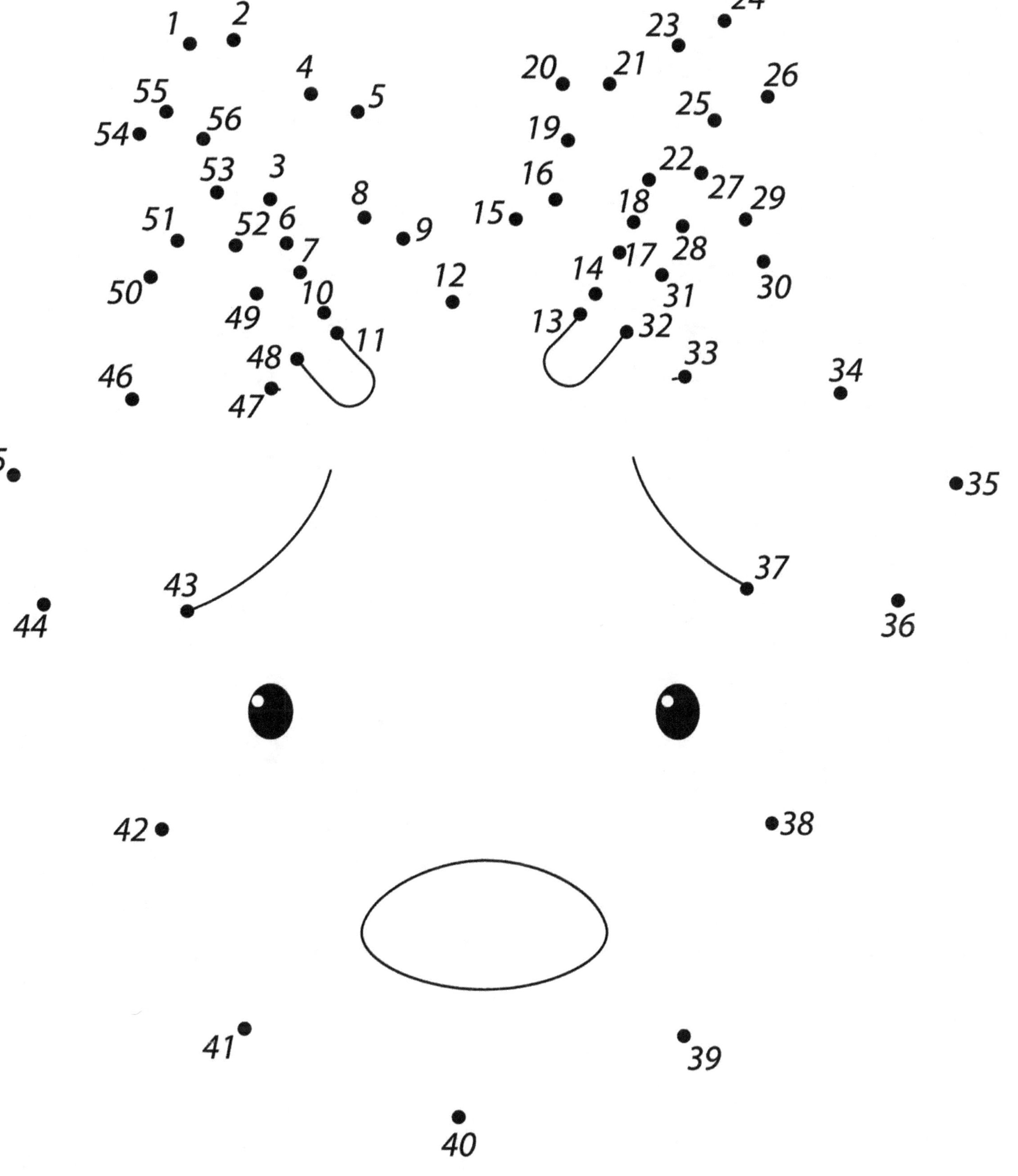

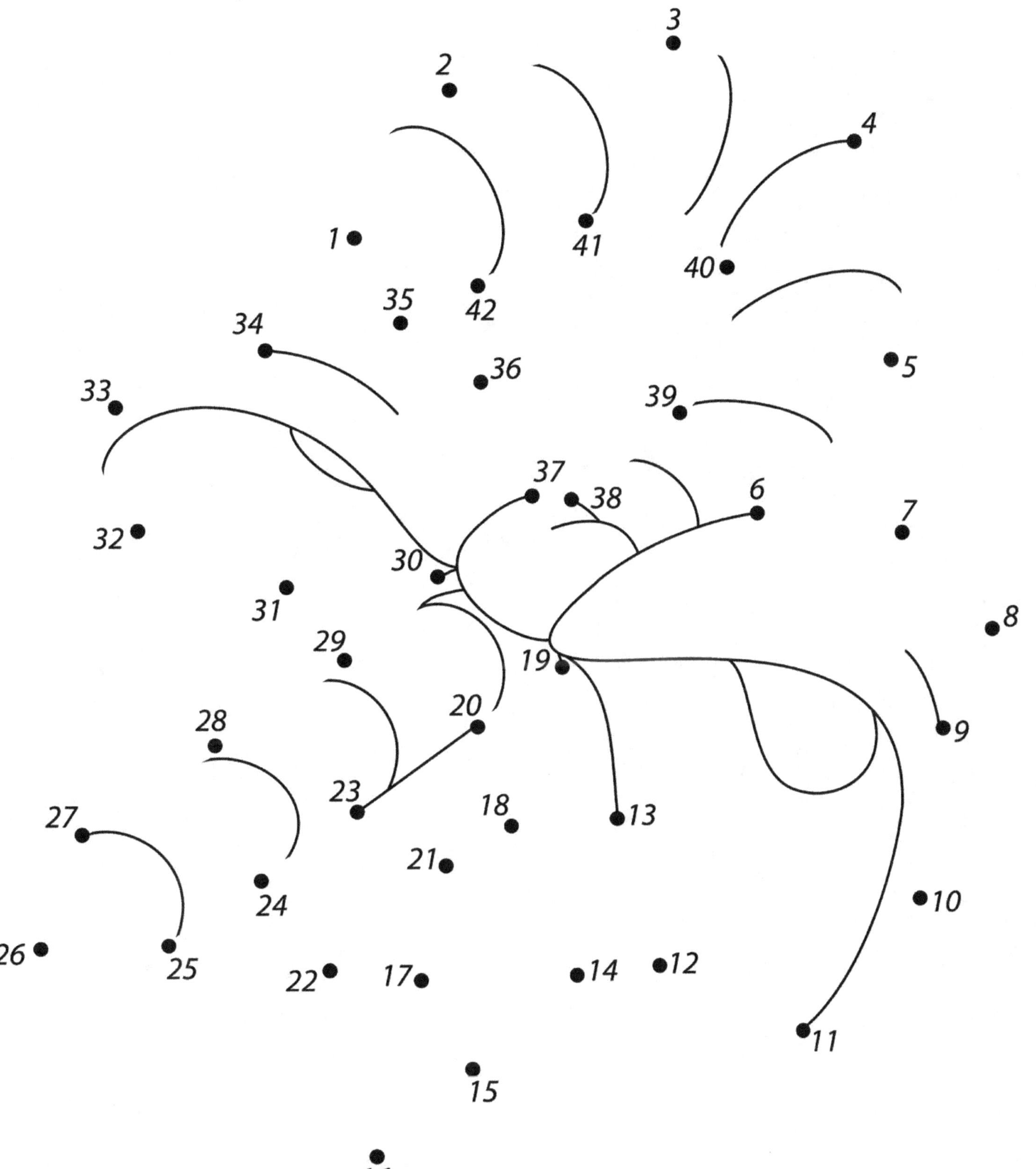

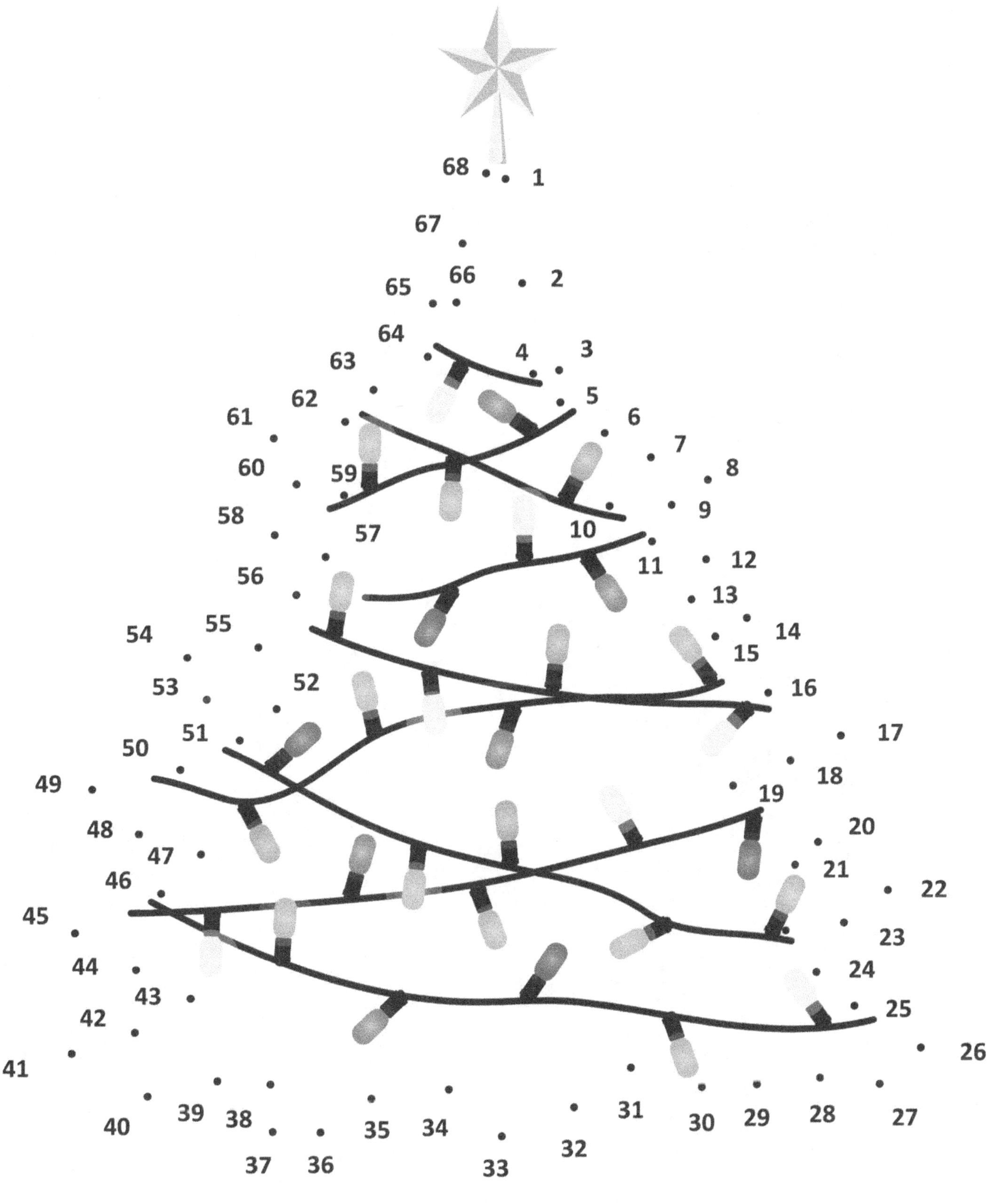

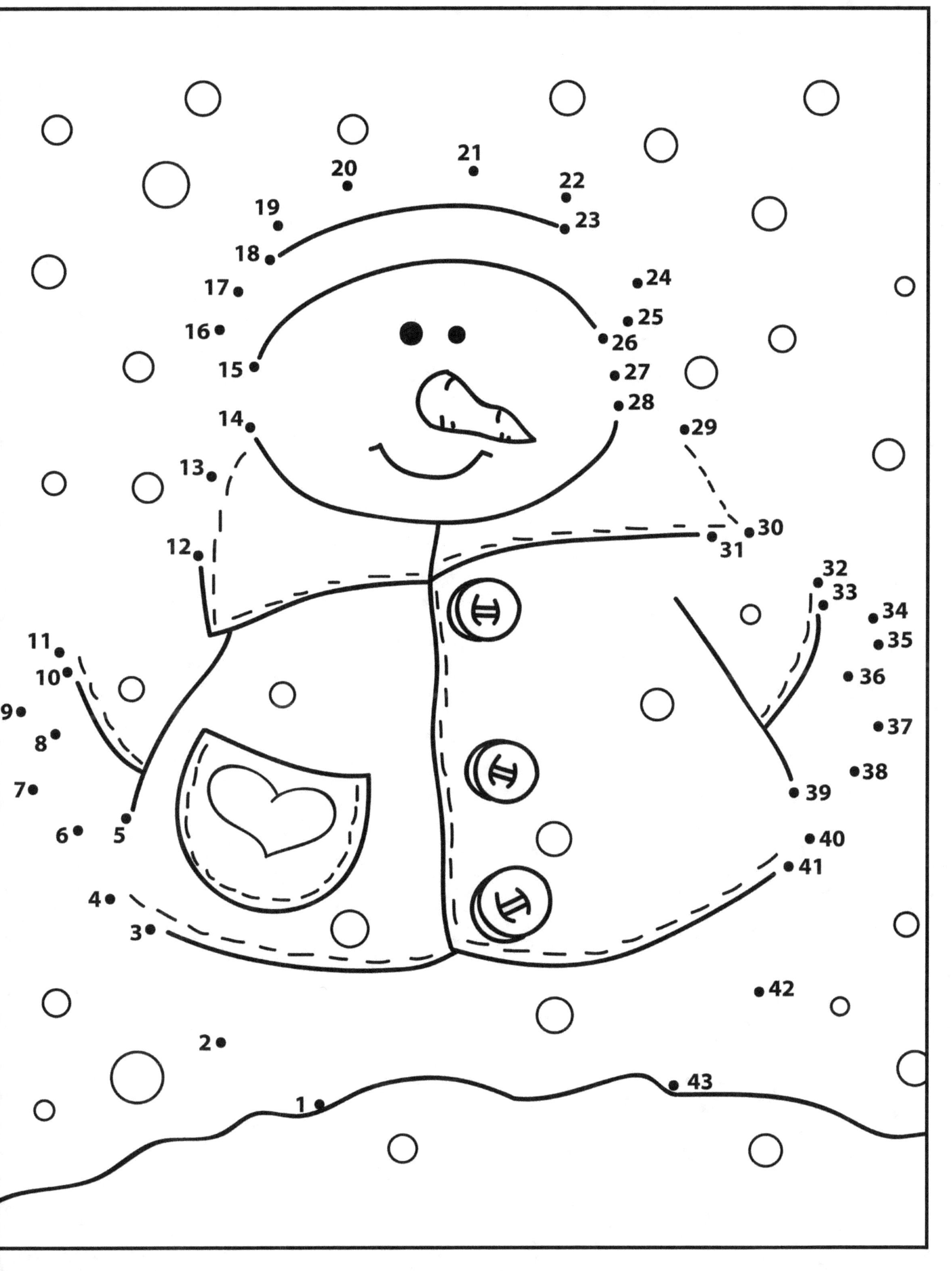

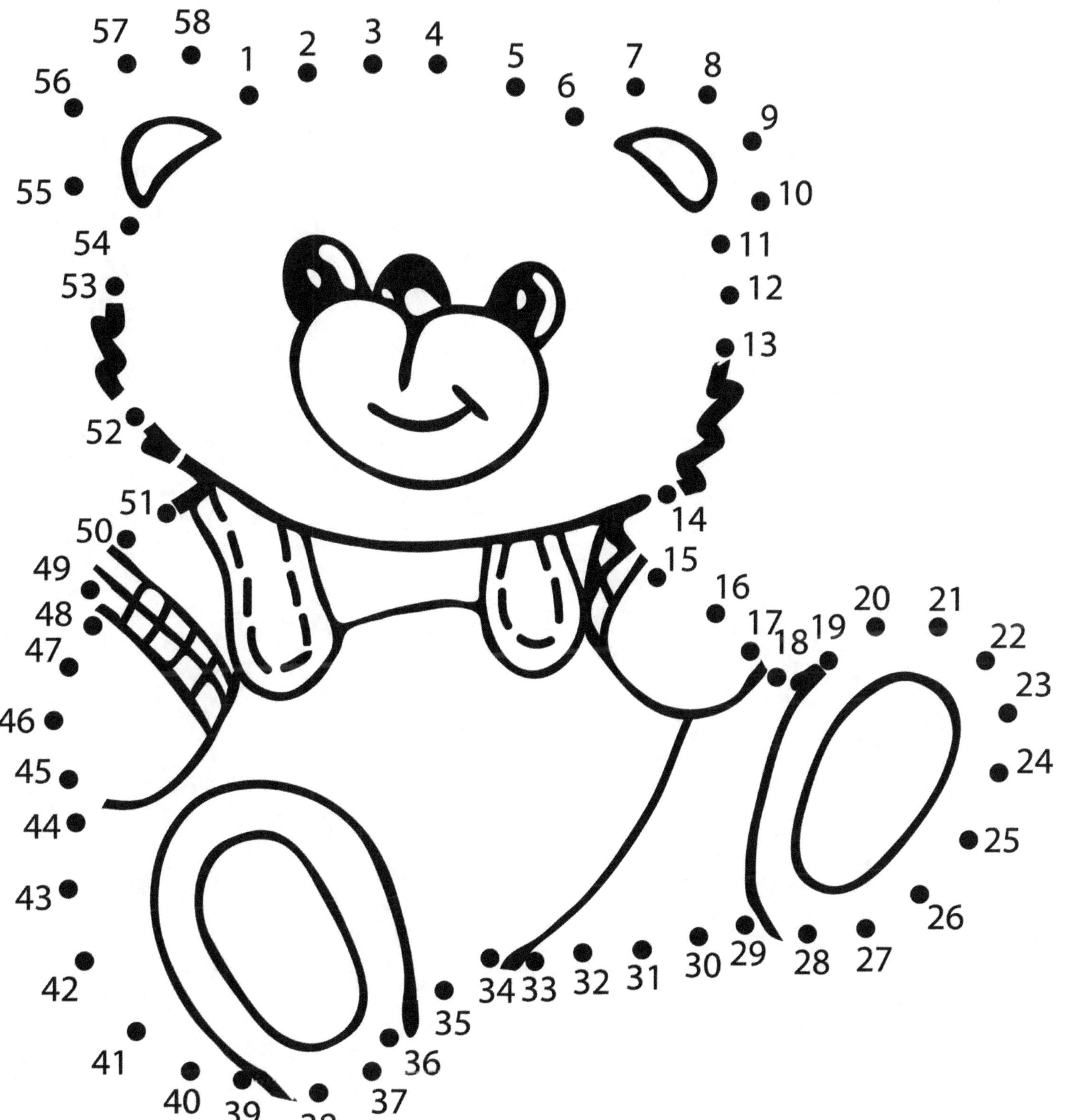

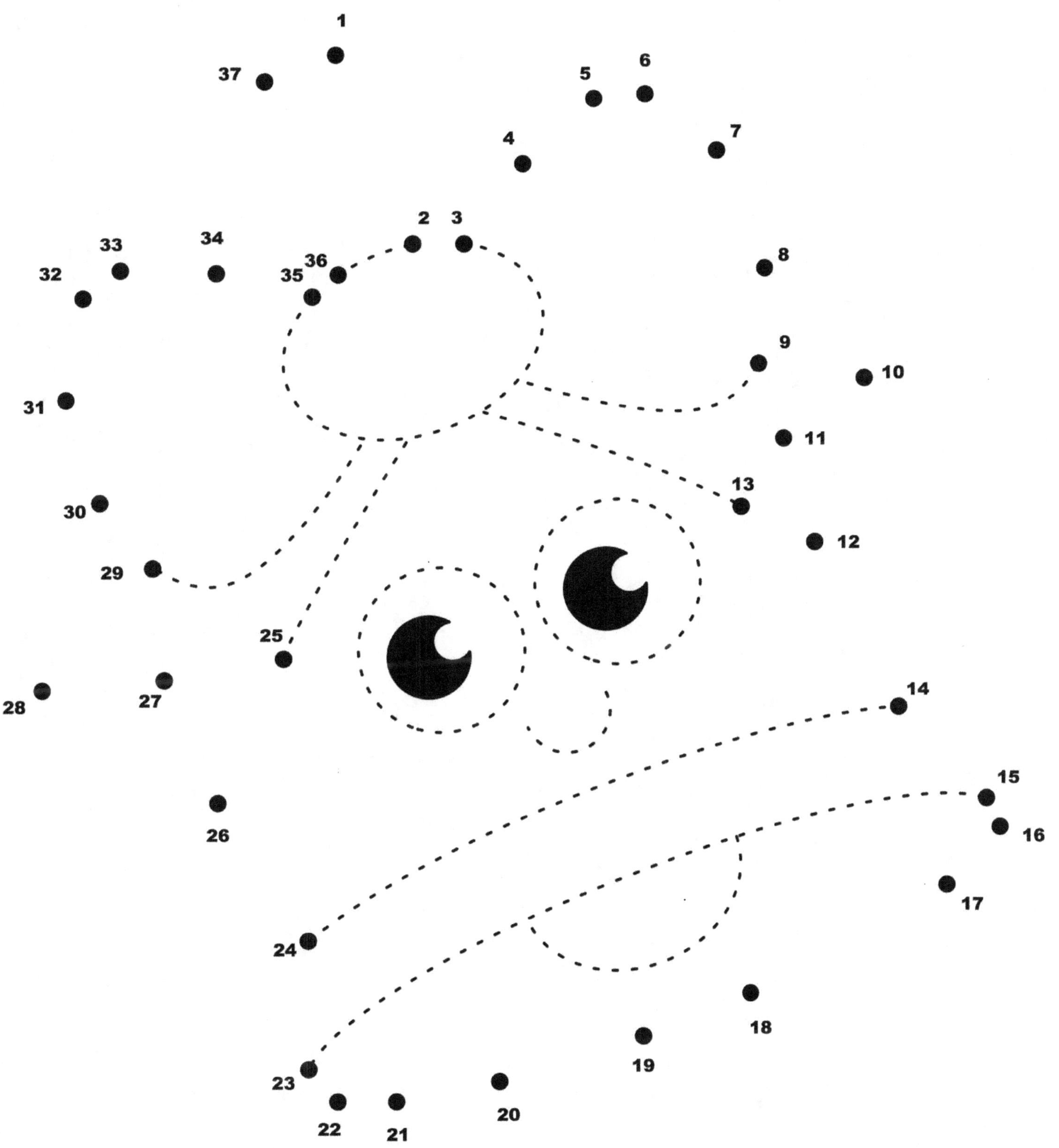

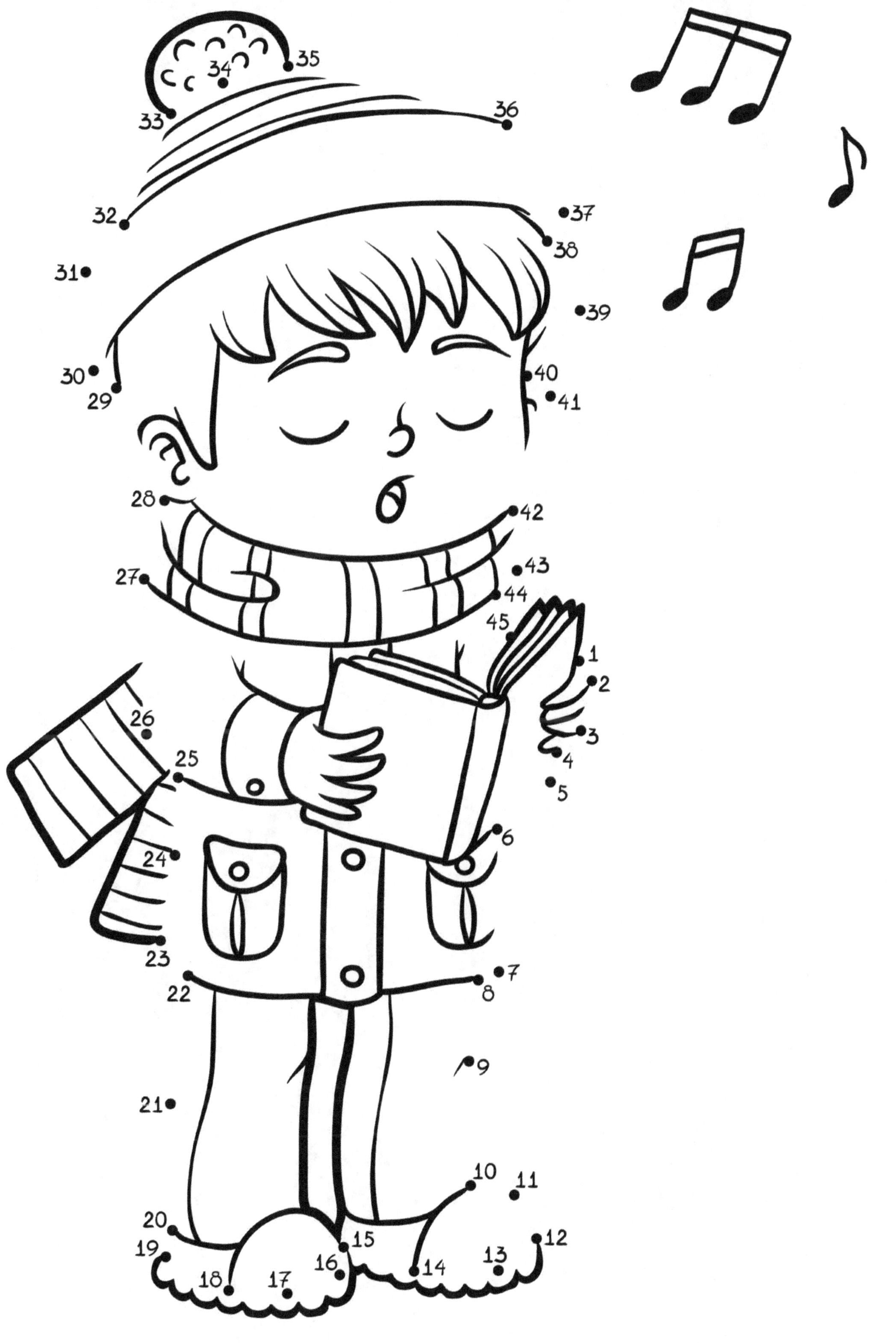

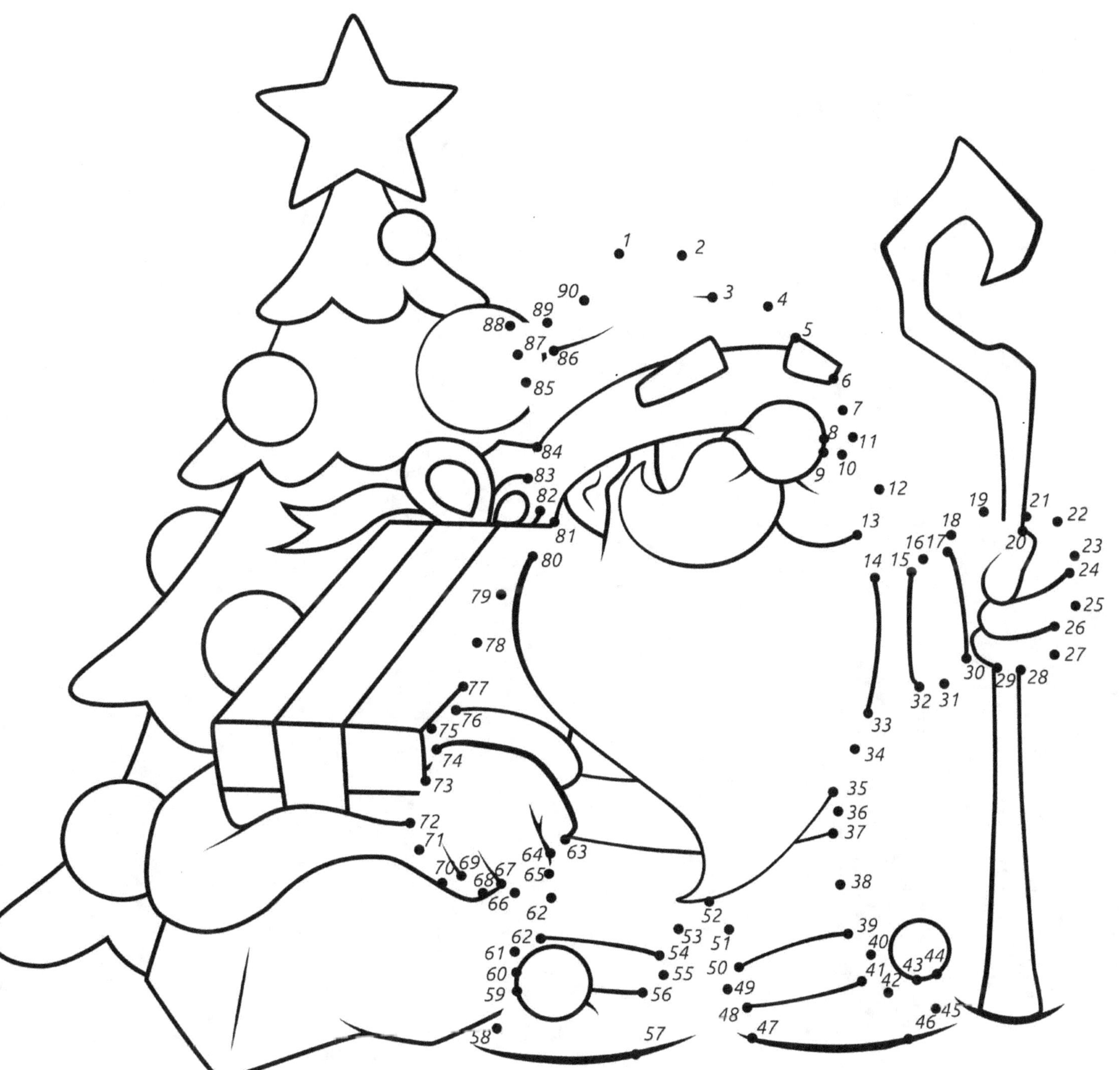

www.ingramcontent.com/pod-product-compliance
Lightning Source LLC
Chambersburg PA
CBHW080453030726
47592CB00011B/3096